유쾌하게
자극하라

사람을 키우는 리더의 코칭 스킬

유쾌하게 자극하라

고현숙 지음

올림

책 | 머 | 리 | 에

한 사람 안에
우주가 있다

　우리는 모두 자기 인생의 챔피언이다. 인생에는 우열이 있을 수 없으며 누구로부터 판단을 받을 필요도 없다. 내가 가치 있는 존재라는 사실은 본래적인 것이어서 누구의 승인을 필요로 하지 않는다. 그런데도 얼마나 많은 유능하고 고귀한 사람들이 마음속에서 스스로를 제한하고 있는지 모른다.

　나는 이들이 그런 마음속 빗장을 풀고 나아가는 자기 발견의 여정을 코치로서 함께해왔다. 그것은 내 인생의 큰 축복이었다. 나는 주로 기업의 CEO와 임원, 전문인들을, 간혹은 주부와 청년들을 코칭해왔다. 그분들은 나의 소중한 고객이면서 동시에 훌륭한 스승이었다. 모두 적극적이고 헌신적이며 선량한 의도를 갖고 사는 분들이었다. 그분들의 솔직한 이야기를 듣고 코칭으로 돕는 가운데 나는 새롭게 배우고 가슴으로 깨우치는 혜택을 누렸다. 코칭 받는 사람과 코치가 상호개발되는inter-developing 과정이다.

누구나 그렇듯이 나 역시 내 인생에서 맡았던 역할은 다양했다. 4남매의 막내인 나는 아내이자 어머니가 되었고, 기업에서 NGO에 이르는 크고 작은 여러 조직에서 나름의 책임을 맡아왔다. 80년대의 학생운동 때부터 지금까지 내가 몸담았던 조직들도 그 다양성 면에서는 대단히 넓은 스펙트럼을 지녔다고 할 수 있다. 실무자에서 관리자를 거쳐 경영자가 되었고, 정기적인 칼럼을 쓰는 작가가 되었으며, 누군가의 코치가 되었다.

나의 역할에 가장 극적인 전환을 가져온 것은 코칭이었다. 코치로서 훈련을 받고, 직원과 고객을 코칭하고, 아이들에게 코칭형 엄마가 되고자 노력하면서 많은 시도를 하는 가운데 나름의 깨달음을 얻을 수 있었다. 은근히 성격이 급한 편인데다가 생산적인 삶을 지향하는 성향이 아주 분명한 내가 상대방의 잠재력을 신뢰하고 그것을 이끌어내는 데는 많은 인내와 수양이 필요했다. 나 자신의 에고ego를 최대한 낮추고 상대방을 주인공으로 섬기는 자세를 지향하다 보니 몇 년 사이에 인상이 바뀌었다는 말을 들을 정도로 나의 내면도 커다란 변화를 겪은 것 같다.

세상을 크게 바꾸고 싶다는 열망으로 가득 찼던 20대 시절, 나는 권력을 바꾸고 세상의 규칙을 바꿈으로써 부당한 현실을 바로잡고 싶었다. 관념적으로는 늘 혁명을 꿈꾸던 그 시절, 재미있게도 내가 그런 시각에 단단히 잡혀 있을수록 사회와 인간은 그 속에서 잘도 단순하게 분류되었다. 구체적인 인간에 대한 고민보다 거대담론을 주인으로 섬겨온 셈이다.

나는 참으로 '늦되는' 사람이어서 훨씬 후에야 사람들에 대해서 구체적으로 관심을 갖게 되었고, 특히 코칭을 하게 되면서 타인의 내면에 있는 보석을 발견하는 데 눈을 뜨게 되었다. 그들 내면의 고귀함은 얼마나 감동스러운지, 전화로 코칭을 하다가 나도 모르게 눈물을 줄줄 흘리며 듣는 경우도 있었다.

'한 사람 안에 우주가 있다'고 하는데, 내가 그 진정한 의미를 비로소 깨우친 것도 코칭을 통해 많은 사람들을 접하면서였다. 나는 이제 사람들이 자신의 내면을 바꿈으로써 가정과 조직에 영향을 미치고, 결국 한국 사회라는 거대한 공동체가 조금씩 달라지지 않겠는가라는 희망을 갖게 되었다. 20대의 내가 권력과 사회의 틀을 바꾸어 사람들의 삶을 변화시키려는 '외부에서 내부로 향하는 아웃사이드 인outside-in' 방식을 추구했다면, 이제는 각자의 삶의 변화가 선행되고 그것이 외부로 영향을 미쳐나가는 '내면에서 시작하여 외부로 향하는 인사이드 아웃inside-out'을 추구하는 방식으로 방향을 선회한 것이다.

내 마음은 이것이 느리지만 분명하고도 강력하게 현실을 바꾸는 하나의 '운동movement'이 되고 있음을 느낀다. 우리 사회의 누구나가 과거의 폐단에서 오는 한계를 넘어서, 내면에서 요동치는 활력과 창의적인 잠재력을 한껏 발현하는 멋진 사회를 그려본다. 그 변화에 아주 작은 기여라도 할 수 있다면 그에 감사할 뿐이다.

이 책을 조직의 리더들에게, 그리고 부모들에게 바친다. 지금까지 코치로서, 리더로서 체험하고 깨달은 내용을 최대한 전달하려고 애썼다. 이 책의 내용은 나의 생각을 표현한 것이지만, 나로부터만 나온 것이 아니라 집단의 경험과 지혜에서 온 것이라고 나는 믿는다. 많은 코치들과 고객들, 그리고 조직에서 분투하고 있는 리더들 그리고 아이들을 잘 키우고자 노력하는 부모들의 경험과 지혜가 이 책에 반영되어 있다. 이 모든 분들이 이 책을 쓸 동기와 자양분을 제공해주었다.

 나를 코치의 길로 인도해주고 성장하도록 도와준 분들께 깊은 감사를 전한다. 한국리더십센터의 김경섭 회장, 김영순 교수와 박창규 교수, 한스컨설팅의 한근태 대표, 환경재단의 이미경 처장은 중요한 대목에서 나를 이끌어주었고 나의 잠재력을 믿고 지속적으로 후원해준 내 인생의 코치들이다.

 나에게 애정과 존중을 보내줌으로써 용기를 가지고 앞으로 나아가게 도와준 한국리더십센터와 한국코칭센터의 정겨운 직원들 덕분에 나는 이 세상에 대한 따뜻한 시각을 갖게 되었다고 고백하고 싶다. 바쁘다는 핑계를 대며 책 쓰기를 계속 미루어온 나에게 끈질기고도 성실하게 글을 쓰도록 안내해주고 도와준 도서출판 올림의 박상두 선생이 없었다면 이 책을 내놓지 못했을 것이다. 그리고 언제나 나를 지지해준 남편과 두 아들 연수, 승수에게 한없는 감사와 사랑을 보낸다.

2007년 4월

고현숙

책머리에 한 사람 안에 우주가 있다 · 5

01 가능성은 누구나 있다
코칭의 출발

마스터 코치와의 만남 · 17 지시와 훈계는 동기부여의 천적이다 · 21
코치형 리더는 모자가 2개다 · 25 한 수 가르치기보다 한 발 뒤로 빠지기 · 32
유능한 리더의 함정 · 38 학습보다 잊어버리기가 더 중요하다? · 42
직원들을 자원봉사자처럼 대하라 · 48 현명한 리더는 지시하지 않는다 · 51
충고하지 말고 호기심으로 접근하라 · 55
중요한 것은 과거의 문제가 아니라 미래의 기회다 · 59
작은 일에서 큰 깨달음 얻기 · 65 콘텐츠보다 더 중요한 것이 있다? · 68
나 중심에서 상대방 중심으로 · 73

02 사람을 성장시키는 길을 묻는다
코칭의 스킬

chapter_1 경청의 놀라운 힘
잘 들어주는 것보다 큰 선물은 없다 · 79   배우자 경청과 맥락적 경청 · 84
맥락적 경청을 내 것으로 만드는 5가지 비결 · 88
요즘 젊은 직원들은 잘해줘도 소용없다? · 95
상사는 과연 부하직원보다 현명할까? · 99   듣기 먼저, 판단은 나중에 · 103

chapter_2 새로운 시각 열어주는 강력한 질문
형 없이도 가족들이 잘살 수 있을까요? · 110   상습 지각생이 달라진 까닭은? · 116
상황을 역전시킨 빛나는 질문들 · 122   큰 그림을 그리게 하는 질문 · 127
상자 밖으로 나오게 하는 질문 · 130   어느 제빵사의 변신 · 136

chapter_3 마법의 피드백
정비공형 상사와 정원사형 상사 · 141
중요한 것은 평가가 아니라 평가를 통한 개선이다 · 146
당신의 성과가 기대에 못 미쳤습니다 · 153   충고는 잊어도 이야기는 기억한다 · 158
과연 진정한 반성은 가능한가 · 163   튀어 보이는 그에게 박수를 · 169
뒷담화에 어떻게 대처할 것인가 · 173   피드백은 상사의 전유물? · 177

chapter_4 더 큰 결과를 내는 기적의 호응
사람은 알아주는 만큼 큰다 · 184   건강한 자부심을 가져라 · 189
사실보다 중요한 것은 사실에 대한 인식 · 191   Your best friend is yourself · 196

03 서로 다른 것들의 조화와 성장
조직을 바꾸는 코칭

chapter_1 혼자일 수 없는 나 – 조직문화 만들기
내 아이도 보내고 싶은 회사로 만든다 • 203   즐거움, 그게 다예요 • 207
헝그리 정신을 강요할 수 있을까? • 213
으르렁대는 두 팀장, 누구 편을 들어야 하나 • 217
뛰어난 후배를 어이할꼬? • 220
자신있는 회사는 떠난 직원도 환영한다 • 223

chapter_2 극약처방은 미봉책으로 끝난다 – 직원교육
끝내주는 이벤트에서 일관된 전략으로 • 228
가장 중요한 한 가지 문제에 집중하라 • 231
골칫거리 스타 플레이어, 어떻게 다룰 것인가 • 237
지옥훈련은 과연 효과가 있을까? • 240

chapter_3 인재는 태어나는 것이 아니라 만들어지는 것 – 자기관리
나는 인생을 낭비한 죄로부터 자유로운가 • 244
신뢰 = 성품 + 역량 • 249   내 인생의 확고한 디딤돌 셀프 리더십 • 254
성공은 바로 디테일에 있다 • 261   당신도 희생자입니까? • 265
인맥을 관리할 수 있을까? • 269
인간은 변화를 싫어하지 않는다, 강요된 변화를 싫어할 뿐! • 273

04 코칭이 챔피언을 만든다
놀라운 코칭의 힘

21세기 리더는 코칭으로 완성된다 • 279   ROI가 6배에 달하다 • 282
사직서는 잊어주세요 • 289   사람을 성장시키는 변화의 기술 • 293

부록 | 전문코치가 되려면…

CEO의 코치는 어떤 사람일까? • 301

전문코치로 가는 길 • 303

실전 코칭 노하우 17

코칭을 시도했을 때 "갑자기 왜?"라며 뜬금없다는 반응을 보인다면? • 30
시간이 없다며 코칭을 거부할 때 • 47   축 처져 있는 상대를 만났을 때 • 71
경청해야 하는데 자꾸 다른 생각이 날 때 • 93   핵심이 없는 말을 장황하게 늘어놓을 때 • 107
질문을 해도 대답을 안 할 때 • 120   깊은 생각 없이 즉답만 할 때 • 125
상대방에게 정말 아이디어가 없다고 느껴질 때 • 134   진짜 문제가 뭔지 파악이 안 될 때 • 151
가치 있는 제안이 필요할 때 • 167   티칭할 때와 코칭할 때 • 181
인정받고 싶은 코치의 욕구는 어떻게? • 188   코치의 윤리강령 제1조 '비밀보장' • 200
참여 에너지를 높이는 코칭의 도구들 • 211   코칭의 효과를 높여주는 과제들 • 235
다른 사람 탓만 늘어놓을 때 • 259   코치 자신이 어려움에 빠졌을 때 • 287

01
가능성은 누구나 있다
코칭의 출발

마스터 코치와의 만남

몇 년 전 미국 새너제이 San Jose에서 열린 국제코치연맹의 콘퍼런스에 참석했을 때의 일이다. 전 세계에서 1,700명이 넘는 코치들이 모인 큰 행사였고, 코칭의 세계적인 트렌드와 새로운 지식을 배우고 공유할 수 있는 좋은 장이었다. 수십 개에 달하는 주제들로 채워진 세션들도 유익했지만, 가장 인상적이었던 것은 그 대회에 참석하기 위해 전 세계에서 모인 코치들의 면면 그 자체였다.

국제코치자격증의 최고봉은 단연 '마스터 코치 MCC, Master Certified Coach'다. 마스터 코치 자격을 따려면 적어도 2,500시간 이상(그중 2,250시간은 유료 코칭이어야 한다)의 실제 코칭을 해야 응시할 수 있기 때문에 상당한 내공의 소유자들일 수밖에 없다. 그런데 이 콘퍼런스 때 마스터 코치로부터 무료로 코칭 받을 기회가 생겼다.

약속시간에 딱 맞추어 나타난 마스터 코치는 뉴욕에 사는 64세의 여자분이었다. 한국에서라면 할머니 나이지만 아주 지적인 인상에다 어찌나 건강하고 활력이 넘치는지 모른다. 게다가 안경과 옷차림, 가방까지 차림새도 세련미가 넘쳤다. 이른 아침, 낯선 장소에서 외국인인 나를 30분간 코칭하면서 그가 보여준 깊은 공감과 인정, 그리고 폐부를 찌르는 강력한 질문을 나는 죽을 때까지 잊지 못할 것이다.

사실 그 즈음에 나는 여러 가지 역할을 하고 있어서 이런저런 일들로 스트레스를 받고 있었다. 일은 해도 해도 끝이 없어 보였고 아무리 열심히 해도 늘 부족하게만 느껴졌다. 일과 삶의 균형을 취하기에도 너무나 벅차서 내 인생의 가장 중요한 역할인 어머니로서 아이들에게 제대로 못하고 있다는 죄의식이 나를 괴롭히고 있었다. 때로는 나 혼자 분투하며 살고 있는 듯한 느낌에 억울한 마음도 생겼다.

마스터 코치는 그런 내 얘기를 깊게 들어주었다. 완전히 나와 함께 있는 느낌, 그것은 그냥 앞에 앉아서 고개를 끄덕인다고 만들어지는 성격의 것이 아니었다. 눈빛과 표정, 완전히 집중하는 그의 모습은 내가 창피하거나 쑥스러운 느낌이 없이 내면에서 나오는 얘기를 솔직하게 다 하도록 이끌어주었다. 대단한 코칭 역량이었다.

그녀는 나를 정말 똑똑하고 열심히 사는 사람이라고 진심으로 인정해주면서 몇 가지 질문을 하고 얘기도 들려주었다. 그중 나에게 큰 전환을 가져온 질문은 바로 이것이었다.

"당신은 지금 누구의 인생을 살고 있습니까?"

그녀가 내 눈을 깊게 들여다보며 던진 이 질문. '내가 지금 누구의 인생을 살고 있느냐고?' 그 질문을 받고 잠시 생각하는 가운데 갑자기 내가 빠진 함정이 환히 보이는 것 같았다. 아하! 내가 '희생자'의 마음을 갖고 있구나, 누가 강요한 것도 아닌, 스스로 선택한 것이건만 마치 누군가가 시키거나 어쩔 수 없는 상황 탓인 양 생각하고 있구나.

그녀는 이어서 질문을 했다.

"현재의 상황이 어떻게 변화되길 원합니까? 그런 변화는 당신의 인생에서 어떤 의미가 있습니까?"

그는 나에게 일을 줄이라거나 시간을 더 잘 관리하라는 충고도 하지 않았고, 어머니로서 역할을 어떻게 잘할 수 있을지 그 방법을 알려주지도 않았다. 다만 의미심장한 질문을 하고 내가 스스로 발견하도록 도와주었을 뿐이다. 그럼에도 나는 돌아오는 비행기 안에서 그 어느 때보다도 내 삶에 대해 자신감을 가지고 긍정적으로 바라보게 되었다. 적어도 나에게 그 전과 후의 태도는 확실히 구별이 되는 것 같았다.

코칭은 이런 것이다. 코칭의 주제는 개인의 삶이냐, 혹은 조직의 성과나 리더로서의 역량 개발이냐에 따라 달라지지만 그 접근법은 기본적으로 동일하다.

코칭 받는 사람을 뭔가 문제가 있거나 부족한 사람으로 보지 않고 잠재력이 있는 존재로 본다. 그 잠재력을 이끌어내면 스스로의 힘을 발현하여 더 높은 단계로 나아갈 수 있는 것이다. 그렇기 때문에 코치는 충고와 지시, 조언을 함부로 하지 않고, 코칭 받는 사람의 말을 깊이 있게 경청한다. 그가 스스로 깨닫고 발견할 수 있도록 지지해준다.

우리는 자기 자신조차 믿지 못할 때가 있지만 코치는 가슴으로부터 우러나오는 사람에 대한 신뢰를 갖고 있다. 그가 대단한 잠재력을 갖고 있다는 것을 신뢰하고 충고나 조언 없이도 많은 것을 발견할 수 있다고 확신한다. 그렇기 때문에 코치는 우리가 생각해볼 수 있는 질문을 던지고 그 사람의 생각을 진전시키며 더 큰 존재로 성장할 수 있도록 돕는다. 스스로 완전한 사람으로 대접받을 때, 코칭 받는 사람은 진짜 밑바닥에 있는 자발적인 의지를 가동하는 법이다. 이처럼 발견을 통해 만들어내는 해법은 누군가 일방적으로 전해주는 가르침이나 조언, 충고를 통해 형성한 해법과는 사뭇 다른 결과를 가져온다.

그간 코치로서 훈련받는 동안, 그리고 실제로 고객들을 코칭해오면서 나는 코칭의 세계에 푹 빠지게 되었다. 나뿐 아니라 자신의 재능을 누군가의 성장을 돕는 데 쓰고 싶은 사람들은 대부분 코칭에 매료된다. 그 이유는 단지 코칭의 정신이 좋기 때문만이 아니라 그것이 현실에서 실제로 작동되기 때문이다. 이제 그런 코칭의 세계로 여러분을 안내하려 한다.

지시와 훈계는
동기부여의 천적이다

어렸을 적 일이다. 아침 일찍 집 앞을 청소하려고 빗자루를 들고 막 나서려는데 아버지의 목소리가 들렸다.

"애야, 얼른 빗자루로 앞길 좀 쓸어라!"

기분이 확 상해버린 나는 들고 나오던 빗자루를 도로 가져다놓고 아예 모르는 체했다. 어린 마음에도 내가 좀 심하지 않았나 싶으면서도 나름대로는 아침부터 김이 새버린 것에 보복을 한 것이다.

농담 삼아 가끔씩 이 경험담을 얘기하면 거의 예외 없이 공감의 웃음이 터진다. 누구나 한 번쯤은 부모님의 잔소리 때문에 괜히 위악적이 되어본 적이 있기 때문이다.

누구나 존경받는 상사, 좋은 부모가 되기를 원한다. 직원을 성장시켜서 더 유능하고 자발적으로 일하는 사람으로 만드는 상사가 되고 싶다고, 자율적인 자녀로 키우는 부모가 되고 싶다고 말한다. 그러나 우리는 그렇게 되기 위한 효과적인 방법을 얼마나 알고 있는가? 이것은 단답형의 문제가 아니다. 또한 한두 가지의 단편적 해법으로 모든 상황에 대처할 수도 없는, 복합적이고 대단히 가변적이며 고도로 정서적이고 지적인 일이다.

우리는 어디서 상사 노릇, 부모 노릇을 배워오는 것일까? 물론 자기 나름의 가치관에 따라서 필요하면 교육도 받고 여러 매체를 통해 지식도 얻으면서 자신의 역할을 잘 감당하려 노력한다. 하지만 드러나지 않는 사소한 행동들, 명시적으로 언급되지 않은 수많은 빈칸을 채우는 행동들은 어떻게 나오는 것일까? 온화함은 어디서 배웠으며 엄격한 훈계는 어디서부터 나오는 것일까? 우리가 상사로서 역할을 하는 데 가장 많은 영향을 받는 것은 무엇일까?

여러 사람에게 질문을 던지며 인터뷰해본 결과, 놀랍게도 많은 사람들이 자신이 처음 사회생활을 시작할 때 모셨던 상사의 모습에서 많은 영향을 받았다고 답했다. 아이를 기르는 데도 의식적으로든 무의식적으로든 자기 부모님의 양육태도를 답습하는 경우가 많다고 한다. 과연 이것은 올바른 접근법인가?

나의 경우도 마찬가지였다. 스스로도 열심히 일할 뿐 아니라 추진력이 강하고 단기적 성과를 중시하는 리더 밑에서 훈련받은 결과, 내가 가졌던 리더상은 누구보다 열심히 일하며 신속하게 판단을 내려주고 상대방이 열심히 실행하도록 강력하게 요구하는 사람이었다. 당연히 나도 관리자가 되면서 그렇게 하려고 노력했고 직원들에게 빠른 실행을 기대하는 상사가 되었다. 때로는 그런 나의 요구가 강력해서 나와 다른 스타일의 직원이 나를 어려워하기도 했고, 나 역시 빨리빨리 일을 처리하지 못하는 직원을 참아내기가 솔직히 힘들었다.

언제나 마음으로 따뜻하게 지지해주던 어머님이 일찍 돌아가시는 바람에 나는 지적 능력을 최고로 치는 아버지의 영향을 많이 받았다. 그래서인지 나도 두 아이를 키우면서 아주 다정다감하며 잔소리가 많은 엄마라기보다는 아이들이 스스로 하도록 격려하는 편이었다.

아이들이 어렸을 때, 한번은 가족 동반 모임에서 친구가 나에게 "왜 그렇게 엄격한 표정을 짓고 있느냐?"고 물어봐서 깜짝 놀란 적이 있다. 내가 그런 표정을 하고 있었나? 순간 놀라면서도 내가 혹시 아이들이 여러 사람 앞에서 잘못된 행동을 하지는 않을까 주의 깊게 살피는 훈육적인 태도를 갖고 있다는 것을 깨달았다.

많은 상사가 그리고 부모들이 상대방이 잘되라는 좋은 의도를 가지고 잘못을 지적해주고, 때로 설득하며, 해결책을 제시하고 잘 안되면 질책을 한다. 어떤 이들은 그것이 바로 상사와 부모로서 마땅히 할 일이라고 굳게 믿고 있다. 그런 믿음이 자신도 의식하지 못하는 사이에 엄격한 표정, 딱딱한 말투, 일방적인 언어를 통해 밖으로 표출되는 것이다.

그러나 그들은 상대방이 자발적으로 움직이도록 동기를 부여하려면 자신의 에고를 낮추어야 한다는 사실을 모르거나 알면서도 간과한다. 사람은 누구나 타인이 시켜서 하기보다 자기 스스로 결정하는 것을 좋아하며, 그럴 때 진정으로 움직일 동기를 갖게 된다. 어렸을 적 내가 들고 나가던 빗자루를 도로 갖다 놓아버린 것은 내 자주성을 손상당한 데 대한 나름의 항변이었던 것 같다. 아무리 상사가 훌륭하고 면밀한 계획을 제시하더라도 직원에게 그것은 그저 하나의 지시일 뿐이다.

자꾸 지시하고 가르치려 드는 것은 상대방이 나보다 못한 존재라는 매우 정태적인 사고가 자기 안에 있기 때문이다. 상대로부터 배우기보다 내가 뭔가 지적해주고 가르쳐주어야 한다는 마음이 있으니 상대방을 보는 내 표정이 굳어지는 것이다. 물론 직원이나 자녀는 경험과 지식이 제한적이고 그래서 나보다 부족한 면이 있다. 그러나 그것은 어디까지나 현재 시점의 어떤 특정 사안에서 보여지는 하나의 현상일 따름이다.

직원이나 자녀의 내면에는 이미 나와 다른, 아니 나를 넘어설 수 있는 맹아가 분명히 존재한다. 상대방을 키우기 위해서라는 명분으로 매번 훈계와 지적을 하지만, 그것은 거꾸로 그의 잠재력을 억눌러버리는 결과를 가져온다. 교정의 대상으로 상대방을 바라보면 지적과 훈계가 상사의 역할이 된다. 그러나 상대방의 잠재력을 들여다볼 줄 안다면 우리는 그 가능성을 이끌어내는 훌륭한 코치 역할을 수행할 수 있다.

코치형 리더는
모자가 2개다

　코치의 모자를 쓰고 상대방을 성장시키는 역할을 할 때 상사들은 자신의 역할에 대한 극적인 패러다임의 변화를 경험하게 된다. 그런데 이들에 대한 교육과정에서 나는 상사들이 그렇게나 좋은 의도를 가지고 헌신함에도 불구하고 직원들과의 커뮤니케이션에서 별반 효과를 거두지 못하는 것을 종종 보았다.

　리더가 직원들을 발전시키기 위해서 열과 성을 다하여 충고하고 훈계할수록 상대방에게 그 메시지는 진심으로 수용되지 못하는 경우가 많았다. 엑스레이 찍듯이 상사와 직원의 마음을 찍을 수 있어서 상사의 충고와 훈계에 대한 직원의 마음속 반응이 그대로 상사에게 전달된다면 어떤 상사도 그렇게 열의를 보이지 않으리라고 생각될 만큼, 말하는 사람과 받아들이는 사람 사이에는 엄청나게 큰 갭이 있었다. 아래의 예는 그 같은 갭을 아주 잘 보여준다.

팀장이 지나가다가 한 직원이 고객과 언쟁을 벌이는 장면을 보게 되었다. 그동안 고객서비스 수준을 높이기 위해 적지 않은 예산을 들여 서비스 교육까지 시켰건만, 이 직원은 회사제품에 대한 불만으로 찾아온 고객을 퉁명스럽고 사무적으로 대하며 점점 더 그 고객을 화나게 만들고 있었다. 실망한 팀장은 따로 그 직원을 불러 이렇게 말했다.

"김 주임, 지난번 교육에서 그렇게 강조를 했는데 고객을 대하는 태도가 그게 뭡니까! 우리 회사가 있는 건 다 고객 덕분이란 걸 몰라서 그래요? 만약 고객들이 다 떠나면 어떻게 우리가 존재할 수 있겠어요. 어떤 경우에도 고객을 그렇게 대하면 안 됩니다. 다음부터는 정말 주의하세요."

이 팀장의 말은 옳고 또 옳다. 하지만 그 말을 듣고 있는 직원에게 솔직한 마음을 말해보라고 하면 이런 대답이 나온다.

"제 사정은 일단 무시하고 팀장님이 일방적으로 저만 잘못한 것처럼 몰아가는 것 같아서 문제아로 낙인 찍힌 기분입니다. 억울하고요. 팀장님이 하는 말씀은 안 들어도 다 알아요. 사실 빨리 이 상황을 모면하고 싶다는 생각밖에 안 듭니다."

코치형 팀장이라면 이런 경우에 조금 다르게 접근한다. 우선 사정을 들어보고 직원도 긍정적인 의도를 갖고 있다는 것을 충분히 인정해주면서 더 나은 해결책이 무엇인지, 다음부터는 어떻게 하면 좋을지를 질문하고 스스로 해답을 찾도록 이끈다.

<mark>과거 자신의 판단과 경험을 기초로 조언하고 질책하는 것은 그리 효과적인 방법이 아니다. 도리어 반발심을 불러온다.</mark> 시대가 바뀌고 환경이 달라진 것이다. 그럼에도 전통적인 방법을 고수하는 분들이 우리 주변에는 너무나 많다. 자녀에 대한 부모들의 접근법도 이와 마찬가지다.

코칭교육을 통해 나는 그분들에게 어떻게 부하직원들의 마음을 움직이는 상사가 될 수 있는지, 어떻게 직원들의 잠재력을 이끌어내는 리더가 될 수 있는지 그 기본 철학과 스킬을 가르쳐왔다. 너무나 감사하게도 코칭교육을 받은 많은 분이 코칭을 통해 자신의 삶과 조직에 많은 변화가 있음을 실천적으로 보여주었다.

그분들의 훌륭한 점은 교육을 일회적인 이벤트로 지나쳐버리지 않고 교육내용을 현실에 적용하기 위해 순수한 마음으로 끈질기게 노력한 데 있다. 그런 점에서 그분들은 나의 훌륭한 스승이기도 하다.

경영 코치, 라이프 코치, 커리어 코치 등이 전문적인 코칭의 영역이라면, 또 다른 한 영역이 있다. 그것은 우리가 상사 본연의 역할을 하면서 코치의 역할도 함께 하는 것이다. 상사만이 아니다. 부모로서, 교사로서, 혹은 교수로서, 목회자로서, 프로젝트 매니저로서, 상담자로서 고유의 역할을 하는 바로 그 관계에서 우리는 코치가 되어줄 수 있다. 즉 코치형 상사, 코치형 부모, 코치형 선생님, 코치형 교수, 코치형 목회자, 코치형 프로젝트 매니저, 코치형 상담자가 될 수 있는 것이다.

이렇게 자신의 고유 업무 속에서 코치의 역할을 함께 수행하는 것을 '리더 코치 접근법'이라고 한다. 이들은 상황에 따라 상사로서의 모자를 썼다가 코치로서의 모자로 바꿔 쓰기도 한다. 이 때문에 '두 개의 모자를 사용한다'는 표현을 쓰는 것이다.

전문코치들은 주로 외부고객들에게 유료로(물론 경우에 따라서는 무료로) 계약을 맺고 코칭을 제공하며 코칭 역량을 향상시키기 위한 전문적이고도 강도 높은 훈련을 실시한다. 또한 그 역량에 따라 코칭의 수준도 정해지기 때문에 대부분의 전문코치들은 코칭을 해나가면서 교육훈련을 지속적으로 거듭해나간다.

그에 비해 리더 코치 접근법을 사용하는 조직의 리더들은 직원을, 자녀를, 또는 학생을 더 잘 성장하도록 돕기 위해서 코칭을 사용한다. 나는 리더가 그런 코치의 역할을 수행할 수 있도록 CEO와 관리자들을 대상으로 지난 몇 년 동안 지속적으로 코칭교육을 해왔다. 한국코칭센터에서 코칭훈련을 받은 CEO들만 300명이 넘고, 팀장 이상의 매니저와 교사, 교수들까지 합하면 그 수는 3천명에 달한다.

조직에서 상사가 직원의 코치가 되어줄 때 직원들이 스스로 주인의식을 가지고 신나게 일을 추진해나가게 된다는 것, 그리고 이런 조직문화의 변화가 장기적으로 비즈니스 성과를 개선시킨다는 것은 이미 세계적으로 증명되고 있는 사실이다.

IBM이나 P&G 등 수많은 글로벌기업들이 이미 조직 내부에서 매니저들이 코치 역할을 수행하도록 하는 제도를 만들고 있는 것도 다 이 때문이다. 국내에서도 코칭에 대한 관심이 높아져 기업뿐 아니라 공공기관, 학교에까지 코칭이 확대되고 있다.

코칭을 시도했을 때
"갑자기 왜?"라며 뜬금없다는 반응을 보인다면?

가정에서나 직장에서 코칭을 적용하려고 할 때 반드시 넘어야 할 고개가 하나 나온다. 그것은 "지금까지는 안 그랬는데, 갑자기 왜 스타일이 바뀌었느냐?", "어색하다" 하는 상대방의 반응이다. 누구나 그렇듯이 다른 사람들이 기대하는 대로 행동하기는 무척 쉽지만, 반대의 경우는 꽤 큰 용기가 필요하다. 가족이나 직원들은 "아빠, 원래대로 해요. 너무 어색해", "부장님, 요즘 왜 자꾸 질문만 하시는지요? 대답하려니 부담이 되네요" 하는 식으로 새로운 시도에 대한 저항감을 솔직히 나타내기도 한다.

이때 "역시 난 코칭 스타일로 대하기가 어려워. 나에겐 안 맞아"라고 불평하면서 과거 스타일로 돌아가버린다면 정말 안타까운 일이다. 그러나 인내와 끈기로 그 고비를 잘 넘겨야 한다. 변화에는 시간이 걸린다. 한번 제대로 시도했다고 해서 모든 것이 한꺼번에 달라지는 경우는 드라마에서나 가능하다. 현실은 다르다. 지속적으로 변화를 시도해야 느리더라도 효과가 나타나는 것이다.

한두 번의 시도만으로 쉽게 포기하는 사람들에게 좋은 비유가 있다. '욕실의 냉수, 온수의 비유'가 그것이다. 욕실에 들어가 샤워기를 틀면 온수를 틀어도 처음에는 차가운 물이 나온다. 그러면 그걸 참지 못하고 계속 온수 쪽으로, 온수 쪽으로 샤워기를 돌려댄다. 그러다 보면 어느 순간 몸을 델 정도로 뜨거운 물이 나온다. 이번엔 급하게 냉수 쪽으로 샤워기 꼭지를 돌린다. 변화하려는 마음도 이렇게 조급하기 쉽다.

하지만 그것을 뛰어넘자. 온수를 틀고 잠시 기다리면 따뜻한 물이 나오듯, 내가 코칭 접근법으로 방법을 바꾸면 반드시 상대방의 대응도 달라지게 되어 있다. 이러한 노력을 지속해나갈 때 사람들은 거기서 힘을 느끼고 더 따르게 된다.

사람들이 "왜 갑자기 변했느냐?"고 묻는 데에는 그런 변화를 은근히 바라는 마음도 들어 있다. 행여 잠깐 시도했다가 도로 돌아가버리지 않을까, 괜히 기대했다가 실망하지 않을까 걱정하는 마음이 짐짓 부정적인 피드백으로 표현되는 것이다.

직원이나 가족이 그렇게 나오면 이제는 더 느긋하게 말해보자.

"나, 앞으로 쭉 이렇게 하기로 했어. 이게 코칭방법이거든"이라고.

한 수 가르치기보다
한 발 뒤로 빠지기

　　병원의 과장으로 근무하는 한 매니저로부터 편지를 받은 적이 있다. 그의 편지를 받고 참 자랑스러웠다. 이분은 단 이틀간 코칭교육을 받았지만 코치로서의 역할을 훌륭하게 수행하고 있었다. 상사들은 대개 직원이 어떤 문제를 가져왔을 때 바로 문제를 해결해주려고 성급하게 해법을 제시하거나 충고하기 쉽지만, 코치형 상사는 다르게 대응한다는 것을 그의 편지는 아주 잘 보여주었다.

　　자동차보험 환자의 보호자가 우리 병원 원무과에서 진료비에 대해 상담하다가 일어난 일이다. 보호자는 대화하던 중에 극도로 화가 나서 직원에게

덤벼들었다. 직원은 그 일이 있고 나서 바로 나를 찾아와 하소연을 했다.

얘기를 할 겸 함께 밖으로 나가서 담배를 피우던 중 이 순간에 '코칭'을 하는 것이 좋겠다는 생각이 들었다. 그래서 예전처럼 말을 많이 하지 않고 '질문과 경청의 힘'에 의지하여 직원 스스로 이 문제를 해결하도록 돕자고 다짐했다.

직원 환자들에게 아무리 잘해줘도 끝이 없는 것 같습니다. 진료비 얘기만 하면 화부터 내고 사람을 치려고까지 드니, 참. 같이 싸울 수도 없고 말이죠. 이 부서 정말 지긋지긋합니다.

나 정말 고생이 많군! 나라도 힘들 것 같은데…. 그런데 환자나 보호자가 그렇게 나오는 데는 어떤 이유가 있을까?

직원 진료비가 생각보다 많다는 게 이유라면 이유겠죠?

나 그것말고 혹시 우리가 빠뜨리고 있었던 무언가는 없을까?

직원 음… (잠시 생각하다가) 아! 원무과의 환경요인도 많이 작용하는 것 같기는 한데….

나 그래? 구체적으로 어떤 걸 말하나?

직원 음… 고객이 창구에 왔을 때 유리 칸막이에 머리를 들이밀고 질문을 하다 보면 짜증이 날 것 같습니다. 원무과 안으로 오시게 해서 우선 명함을 주면서 "자동차보험 담당 ○○○입니다"라고 정식으로 소개를 하면 첫인상이 더 좋지 않을까요? 그리고 진료비에 대해서도 정확하지는 않지만 '진료비 조견표' 같은 것을 준비했다가 진료비를 물으면 대답해주면 될 것 같은데…. 보통은 상담 중에 보험심사과에 전화해서 물어보고 대답해주거든요. 그러다 보니 고객이 우리를 볼 때 '원무과에 있으면서 진료비도 제대로 파악하지 못하고 있군' 하는 불신이 들 것 같고 원무과에 대한 첫인상부터가 나쁠 것 같습니다.

나 오! 정말 그렇군. 그런 생각은 언제부터 했었나?

직원 그러니까 제가 작년에 산재환자를 담당하면서부터 느낀 건데요. 실천해보려 했는데 저 혼자 한다 해서 효과가 없을 것 같아서….

나 자네가 생각하고 있는 아이디어를 담당계장에게 이야기해본 적이 있나?

직원 아니요, 아직….

나 이야기를 해서 부서원들이 함께 실천하면 어떨까?

직원 음… 이야기하는 것도 좋을 것 같은데, 우선은 저부터 실천해보는 것이 더 좋을 것 같습니다.

나 아! 그것도 좋은 생각이군. 좋은 것을 보면 주변 사람들이 배우게 될 테니까. 자네와 환자의 관계를 보면 옆의 동료가 궁금해할지도 모르지.

직원 예, 그렇겠네요. 원래 좋은 바이러스는 퍼지기 마련이니까요.

나 불이 났을 때 제일 중요한 것은 초기진화지. 우리와 고객의 관계도 마찬가지고. 자네 아이디어는 정말 좋은 방법인 것 같네. 생각났을 때 당장 실천해보면 좋을 것 같은데, 자네 생각은 어떤가?

직원 2월부터 해보지요. 사무실 안으로 모시고 명함부터 주면서 앉아서 상담을 해볼게요. 진료비 조견표도 만들겠습니다. 이렇게 하다 보면 최소한 저의 고객과는 그런 불편한 관계를 만들지 않을 것 같아요. 무엇보다 제가 편해지겠지요.

나 　그렇겠군, 고객만족은 곧 내 만족이 되는 셈이니까. 그럼 실천해보고 그 재미난 이야기를 나에게 꼭 들려주게나. 역시 자네는 짱이야!

이런 상황에서 보통의 상사라면 어떻게 대응했을까? 아는 상사들에게 직원들이 고객 때문에 힘들다고 하소연해올 때 어떻게 하느냐고 물어보았더니 대부분의 반응은 두 가지였다.

우선 "살다 보면 별별 사람 다 있지 뭐, 그걸 어쩌겠나. 기분도 그런데 나가서 한잔 하면서 속이나 풀지"라고 위안해주면서 정작 그 이슈는 축소해버리거나 회피하는 사람이 많았다. 일부는 "자네가 먼저 고객에게 더 친절하게 대해보게. 아무리 까다로운 고객도 우리 쪽에서 먼저 존중해주면 태도가 달라지기 마련이라고. 고객서비스가 그렇게 쉬우면 뭐 하러 교육까지 받겠어? 그만큼 어려운 거라 그런 거지"라고 훈계를 늘어놓았다.

그러나 이 같은 위안이나 훈계는 잠시잠깐 이슈를 축소할 수는 있어도 직원의 마음속에서 공감과 동의를 끌어낼 수는 없다. 물론 진정한 문제해결을 위한 동인이 되기도 어렵다.

그러나 위의 코치형 상사처럼 자신은 뒤로 빠지면서 직원에게 질문을 던져서 스스로 해결책을 찾도록 격려한다면 그 일은 그에게 성장의 기회가 된다. 스스로의 생각에 따라 움직이기 때문에 신이 나서 행동으로 옮기게 된다. 요컨대 그렇게 함으로써 스스로 상황의 주인이 되기를 원하는 것이다.

조직에서 시키지도 않았는데 직원들이 열의를 가지고 추진했던 일들을 가끔씩 떠올려본다. 퇴근도 잊은 채 밤늦게까지 일에 몰두하거나 휴일도 마다하지 않고 사무실에 나와서 뭔가를 준비하던 그때. 거기엔 어떤 공통점이 있었지? 보상? 의미? 물론 그런 것도 있었을지 모른다. 그러나 가장 먼저 떠오른 것은 그들이 스스로 낸 아이디어를 실행할 때라는 것이다. 그럴 때 그들은 가장 신나게 일에 몰입했다. 누가 시키지 않았는데도.

코칭의 기본적인 철학은 사람은 누구나 잠재력을 지니고 있으며 자신의 과제를 해결할 답 또한 그 사람의 내부에 있다는 것이다. 관념적으로 그런 것이 아니라 사실이 그렇다. 코칭 접근법을 활용한 많은 리더가 이것을 매일매일의 삶에서 증명해 보이고 있다. 심지어 어린아이들조차 그들의 생각을 존중해주면서 관심을 가지고 물어보면 자신의 마음에서 일어나는 일을 성찰하게 되고 어떻게 해야 하는지를 스스로 그려낸다.

리더들은 때로는 직원들을 가르치고 때로는 멘토가 되어주며 어떤 경우에는 트레이너로서의 역할도 해야 한다. 그런데 그 여러 가지 역할 중에서도 코치의 모자를 쓰고 직원들을 대할 때 상대방 중심적인 대화를 가장 잘 진행할 수가 있고 상대방을 주체로 만들어주게 된다. 코칭은 나의 판단이나 지식에 의지하지 않고 상대방의 가능성에 기초하는 것이다.

선진적인 기업에서는 매니저들이 후배들을 코칭하는 데 업무시간의 50퍼센트를 할애하고 있다는 보고가 있다. 일본 P&G에서는 사장을 비롯한 모든 부서장이 직속부하의 코치가 된다. 모든 매니저들은 후배들을 코칭해주도록 요청받는다. 이때 매니저의 역할은 지시하거나 가르치거나 답을 주는 것이 아니라, 후배의 의견을 듣고 질문을 던짐으로써 후배가 스스로 답을 찾고 생각하는 능력을 갖도록 하는 것이다. 또한 시의적절한 피드백을 통하여 전체적인 가이드를 제시한다. 경력이 적은 신입사원에게도 도전적인 일을 시도하도록 격려하고 리더십을 발휘할 기회를 줌으로써 현장에서부터 인재를 양성한다.

조직의 상사들이 코칭을 하고자 할 때, 가장 먼저 그리고 가장 크게 일어나야 하는 변화는 한마디로 '나 중심에서 상대방 중심으로'의 패러다임 전환이다. 해법을 제시하려는 생각에서 스스로 해법을 찾도록 하는 자세로, 조언과 훈계에서 경청과 질문으로 행동을 변화시켜야 한다. 그것은 결코 쉬운 일이 아니다. 조언이나 훈계 같은 방식은 이미 습관처럼 익숙해진 방식이고 무의식적으로 학습된 것이기 때문에 패러다임의 변화 없이 행동만 변화시키려면 무척 힘이 들고 지속하기가 어렵다. 상대방이 스스로 문제를 찾고 해답을 찾을 수 있다는 전제하에 그것을 현실화하려는 여러 시도들을 실행해나갈 때 비로소 상대방을 챔피언으로 만들어주는 코칭이 가능해진다.

유능한 리더의 함정

　기술적으로는 무척 뛰어난데 리더십을 발휘하는 데는 어려움을 겪고 있는 관리자가 있었다. 그는 실력이 뛰어난데다 머리가 비상하고 아주 논리적인 사람이었다. 주위 사람들의 웬만한 의견은 그의 칼날 같은 논리와 물 흐르는 듯 이어지는 달변 앞에서 맥을 못 추고 빛을 잃어버렸다.

　하지만 부작용도 있었다. 지나치게 논리에 의존하다 보니 직원들의 의견이나 아이디어를 비판하는 데 익숙해졌고, 비판에 반박을 못하면 무가치한 것으로 치부해버렸다. 그러다 보니 직원들은 그와 대화하는 것 자체를 부담스러워했다.

그런데 정작 본인은 직원들이 어떻게 느끼고 있는지는 전혀 모른 채 '직원들의 수준이 낮다'는 생각에 사로잡혀 있었다. 회의나 프로젝트를 진행할 때도 본인이 정리한 방향을 고집했기 때문에 직원들은 번번이 자존심에 상처를 입어야 했고 귀중한 아이디어도 사장되어버리는 경우가 많았다. 자기 일만 잘하면 되는 실무자라면 모를까, 리더가 그런 태도를 고수하니 직원들은 더 이상 자기 의견을 말하지 않게 되었고 관리자는 점점 더 직원들을 한심하게 바라보는 지경에 이르렀다.

자기 방법만을 고집하는 리더는 알게 모르게 조직의 생명력을 갉아먹는다. 특히나 변화가 빠르고 세세한 정보에 크게 영향을 받는 기술 업종에서 이러한 리더의 존재는 치명적이다. 잠재력이 풍부한 자원, 즉 직원들의 기여를 가로막기 때문이다.

리더가 '나는 옳다(직원들이 틀렸다)', '직원들은 능력이 부족하면서 비판만 하지, 나만큼 성과를 낼 사람이 없다'는 패러다임에 깊이 빠져 있을수록 조직의 잠재력은 더욱더 깊은 잠에 빠져든다. 이것이 바로 똑똑한 리더의 함정이다. '나는 옳다' 또는 '내가 당신들보다 낫다'라는 생각이 설사 맞다 하더라도 그런 태도로 조직을 이끄는 한 진정한 헌신을 이끌어내기란 불가능에 가깝다.

안타까운 것은 정말 똑똑하고 유능한 리더들이 그와 같은 자기 중심적, 나르시시스트적 패러다임에 머물러 있는 경우가 종종 있다는 것이다. 성적 지상주의 교육과 무한경쟁적인 사회 시스템이 똑똑한 사람들을 '내가 더 나아!' 혹은 '내가 일등이야!'라는 데 자족하게 만들어버리는 것 같다. 사실 유능한 리더들은 훨씬 더 크고 긍정적인 영향력을 조직과 타인에게 미칠 수 있다. 자기 함정에서 벗어나기만 한다면 말이다.

어떻게 하면 리더들이 자기 중심에서 벗어나 직원들과 멋진 팀워크를 이루어낼 수 있을까? 리더가 일등주의에 머무르거나 내가 옳다는 데서 자족하지 않고 다른 사람들을 개발하고 자기 혼자서는 할 수 없는 더 크고 의미 있는 결과를 그들과 함께 만들어내는 것, 이것이 스티븐 코비 박사가 '상호의존성'이라고 개념화했던 시너지를 만드는 길이다. 동시에 리더로서 더 큰 존경을 받는 길이며, 자신의 기여를 다른 사람들이 이어가도록 하는 '개인을 뛰어넘는 조직'의 구현방식이다.

그러기 위해서는 먼저 리더가 자신의 상태를 자각할 필요가 있다. 상자 안에 갇혀 있는 인식을 상자 밖으로 끌어내어 전체를 조망할 수 있어야 한다. 혼자서는 이루기 힘든 일이다. 누군가 도와주어야 한다. 코치가 리더에게 물어본다.

"당신은 충분히 옳고 남들보다 뛰어나다. 어떻게 하면 뛰어난 개인으로서가 아니라 존경받는 리더로서 직원들이 마음으로 따르며 성과를 내게 이끌 수 있겠는가?"

리더가 된다는 것은 곧 다른 사람을 개발하여 성장시키는 책무를 동시에 지는 것이기도 하다. 조직에서도 리더를 임명할 때 '직원을 성장시키는 것'이 매우 중요한 역할임을 강조해야 한다. 이에 대한 경영자의 기대가 분명하게 표현되어야 하며 성과를 재는 지표 안에 '부하직원의 성장' 항목을 넣어야 한다.

단 몇 사람으로 이루어진 팀의 팀장이 되든 몇백 명의 사업부문 책임자가 되든 리더는 기본적으로 사람을 성장시키는 코치의 역할을 부여받는다. 리더십에 대한 아무런 준비 없이 어느 날 갑자기 리더가 되는 것은 생각보다 꽤나 위험한 일이다. 상사를 떠나기 위해 회사를 버리는 일이 심심찮게 일어나니 말이다.

학습보다 잊어버리기가
더 중요하다?

 어느 중소기업의 경영자와 대화를 나눌 때였다. 그는 직원 한 사람 때문에 오랫동안 고민을 하고 있었다. 이 회사의 업종은 정밀한 업무 처리가 생명인 전문 분야인데, 다른 직원들도 그 직원의 실수 때문에 너무 힘들다고 호소하고 있었다. 그래서 근 일년간 주기적으로 잔소리를 하고 때로는 좀 심하다 싶을 정도로 단단히 주의를 주었지만 전혀 나아질 기미가 보이지 않았다. 이 때문에 경영자는 '이 직원을 강제로라도 그만두게 해야 하나' 고민하고 있는 터였다.

 경영자에게 질문을 했다.

 "그렇게 문제가 많다고 하면서도 계속 그 직원을 데리고 있는 이유는 무엇입니까?"

"글쎄요… 솔직히 그만두라고 하고 싶은 마음이 굴뚝같지만 당사자가 어떻게 받아들일지 잘 모르겠습니다. 굉장히 반발할 수도 있잖습니까? 조직 분위기에도 안 좋은 영향을 미칠 것 같고…."

"그리고요? 또 어떤 생각이 있습니까?"

"생각해보니 제가 직원을 나무랄 때마다 스트레스를 받으면서도 마음의 결정을 뚜렷이 내리지 못하고 있습니다. 어떻게 해야 할까요?"

"시각을 바꾸어서 그 직원의 입장에서 바라보면 어떨까요? 그 직원이 지금 상태로 몇 년 더 다닌다면 결과가 어떠리라고 생각하세요?"

"솔직히 그 친구한테도 전혀 좋은 일이 아니지요. 이제 이십대 후반인데, 젊은 나이에 이렇게 매일 타박을 받으며 일하는 것도 고역이고 장래도 밝지 않습니다. 스트레스도 심할 테고 승진할 비전도 없으니까요. 어떤 면에서는 그 친구도 아까운 시간을 낭비하고 있는 게 아닐까요?"

경영자는 직원의 장래를 위하는 관점에서 이 문제를 다시 생각해보게 되었다. 그 속에서 '아하!' 하는 사고의 전환이 일어났다. 지금까지는 회사 입장, 경영자 입장에서만 '어떻게 하면 저 골칫덩이를 해결할까?'라고 생각해왔던 것이다. 그런데 그 입장을 잠시 내려놓고 직원의 장래를 놓고 생각해보니 그에게도 현재 상태가 결코 도움이 되지 않는다는 확신이 들었다. 그는 생각을 바꾸고 나니 오히려 마음의 부담 없이 그 직원과 쉽게 대화를 시도해볼 수 있을 것 같다고 말했다.

그후로 그는 문제의 직원과 면담을 하면서 직원의 입장에서 현재 회사생활의 문제점을 함께 검토해보았다. 정말로 그 직원의 장래를 위해 지금 할 수 있는 바람직한 선택이 무엇인가를 주제로 얘기를 나누면서 그동안 직원이 힘들어했던 점도 들어주고 경영자 자신의 걱정도 함께 털어놓았다. 어느 정도 서로 하고 싶었던 말을 다 하고 난 다음이었다. 면담 말미에 뜻밖에도 그 직원은 "사실 저도 이 회사를 계속 다녀야 하나 1년 넘게 고민해왔습니다. 아무래도 저의 장래를 위해서는 이런 식으로 다녀선 안 될 것 같아 고민이었는데, 이렇듯 사장님이 걱정해주시니 감사합니다"라고 고백했다. 어떻게 도와주면 좋겠느냐는 질문에 그 직원은 새로운 분야에 도전하고 싶은데 당장 회사를 그만두기는 불안하니까 두 달 동안 더 다니면서 새로운 직장을 알아보겠노라고 했단다.

마치 콜럼버스의 달걀처럼 핵심은 '관점'이었다. 경영자가 회사 입장만 생각하는 관점에서 벗어나 직원의 장래를 걱정하는 관점을 취하자, 오히려 더 쉽고 진솔하게 대화할 수 있었고 직원도 바로 태도가 달라졌던 것이다.

"회사일로 많이 바쁘실 텐데 제 입장을 헤아려주셔서 감사합니다. 저도 저에게 더 잘 맞는 일을 찾아 새롭게 변화하겠습니다."

이것이 그 직원의 마무리 인사였다. 열과 성을 다해 상대방의 문제점이 무엇인지를 지적해줄 때는 방어적으로 나오던 직원이 서로의 마음이 열리자 이렇게 성숙한 자세를 보인 것이다.

종종 경영자들은 이렇게 한탄한다.

"코칭이 효과가 있는 것은 알겠지만 이렇게 바쁜 세상에 언제 그렇게 일일이 공들여서 대화를 합니까? 안 되는 친구들은 잘라야지요. 빨리 자르고 능력 있는 친구를 뽑는 게 빠르지 않겠습니까?"

말은 그렇게 하더라도 말처럼 직원들을 쉽게 해고하는 경영자들은 거의 없다. 사실은 직원 한 사람을 정리하는 데에도 엄청난 고민과 망설임으로 오랜 시간을 보내게 마련이다.

어쨌거나 골치 아픈 직원은 신속하게 내보내는 것이 제일이라고 말하는 경영자에게 나는 이렇게 되묻는다.

"그래서 새로 채용해서 들어온 직원들의 수준은 어떻다고 생각합니까?"

아무리 뛰어난 직원이라도 회사에 입사한 지 얼마 안 되어 금방 기존의 조직문화에 동화되어버린다는 것을 나는 익히 알고 있다. 조직에서 인력의 수준이란 여러 가지 요인에 의해 평준화되기 쉽다. 결국 언제나 떠오르는 과제는 그렇게 들어온 직원들을 어떻게 하면 한 차원 높게 개발하고 성장시키느냐가 아닐까. 사람을 갈아치워서 해결할 수 있는 경우도 있겠지만, 많은 경우 조직의 문화와 시스템이 어떠하냐에 따라 인력이 개발되기도 하고 하향평준화되기도 한다. 또 어떻게 직원들을 개발하는가에 따라 인력의 총수준이 바뀔 수 있는 것이다.

경영자 코칭에서 매번 등장하는 주제가 직원들에 관한 것이다. 인정받는 직원도 있지만 대체로 경영자들은 '직원들이 왜 내 맘 같지 않을까' 하고 걱정이다. 여기에는 경영자와 직원 간의 상당한 인식차가 존재한다. 그런 면에서 비자카드의 창립자인 디 혹의 말을 귀담아들을 필요가 있다. 오늘날의 경영자들에게는 "어떻게 새로운 것을 학습하여 혁신적인 생각을 갖느냐가 아니라 어떻게 과거의 낡은 생각에서 벗어나느냐"가 더 중요하다는 것이다. 톰 피터스가 학습보다 잊어버리기가 더 중요하다고 하면서 '전략적으로 잊어버리기'를 주장한 것도 같은 맥락이다.

  우리가 배우기에 앞서 먼저 잊어버려야 할 것은 무엇일까? 고정관념, 우리들이 양육되어온 방식, 선입견 등 과거의 것이다. 혹시 우리는 신세대 직원들에게 과거에 내가 조직에 적응했던 방식을 똑같이 요구하고 있지는 않은가? 부모님이 나를 대했던 것과 다름없이 자녀를 키우고 있지는 않은가? 지금처럼 변화가 빠르고 지식반감기가 짧아진 세상에서 과거의 방식을 은근히 고수하고 있다면 그것부터 하루빨리 잊어버릴 일이다.

시간이 없다며
코칭을 거부할 때

    직원을 코칭하려고 할 때 가장 큰 방해물 중의 하나가 시간 부족이다. 급하게 결정을 내려야 하거나 일을 추진해야 하는데, 일일이 경청하고 질문을 통해 시각을 넓혀주기에는 시간 여유가 너무 없다는 것이다.

    코칭을 제대로 하려면 대부분 시간이 부족하다. 그러나 간단하게 "음… 그렇군"이라고 수긍을 해주면서 "이렇게 해보면 어떨까?" 하는 식으로는 대응할 수 있다. 또 "그 결과를 가지고 언제 함께 검토해보겠나?"라고 책임관리까지 나아갈 수도 있다.

    시간이 부족하다고 해서 무조건 "이렇게 하게", "언제까지 보고하게"라고 일방적으로 지시하기보다는 상대방이 그 사안에 뚜렷한 주인의식을 갖고 뛰게 하는 것이 코칭 접근법이다.

    결국 관건은 시간 부족이 아니라 그 상황에서 코치로서의 중심을 잃지 않고 자기관리를 하는 내공이다.

직원들을
자원봉사자처럼 대하라

"요즘 젊은 사람들 정말 이해 못하겠다"고 말문을 연 CEO가 있었다. 60을 바라보는 연세에 젊은이 못지않은 열정과 패기를 지닌 분이다. 말씀인즉, 요즘 같은 구직난 시대에 왜 툭하면 회사를 그만두느냐는 거다. 옮겨갈 곳을 정하지도 못했으면서 조금만 힘들어도 나가려는 생각부터 한다며 너무 나약하다고 혀를 찬다.

"하긴 요즘 부모들이 먹고사는 걸 해결해주는 정도는 되니까 그거 믿고 그러나 봅니다."

이야기는 계속 이어졌다. 그만둔다는 직원을 만나 얘기를 들어보면 "적성에 안 맞는 것 같습니다", "다른 길을 찾아보려고요", "공부를 좀 더 하고 싶습니다" 같은, 기성세대가 보기에 다소 한가한 이유를 대는 경우가 많고 심지어 "그냥 좀 쉬고 싶어서요…. 그동안 너무 힘들었습니다"라고 한다는 것이다.

"우리 때는 사지 멀쩡한 젊은 놈이 쉰다 그러면 폐병 3기는 되어야 주위에서 '아, 그럼 쉬어야지' 하고 양해가 되었죠. 참…."

정말 이해할 수 없다는 말씀이다. 실제로 일터의 노동력은 크게 변했다. 개발시대였던 70년대와 비교하자면 가히 혁명적으로 변했고, 가까운 80~90년대 중반까지와 비교해보더라도 엄청난 질적 변화가 있었다.

이 새로운 인류는 과거에 비해 조직에 대한 충성심도 떨어지는 것 같고 상사에 대한 존경심도 크지 않은 것 같다. 각자 개인의 비전과 가치에 따른 선택을 할 뿐이다. 이런 면에서 상당히 '개인주의적'인 노동력이 대거 등장한 것이다. 게다가 현재의 지식노동자들은 과거의 노동력과 달리 노동자 스스로가 부가가치를 창출해내는 생산수단을 소유한 1인기업의 형태로까지 발전했다. 유능한 인재일수록 오래 보유하기도 어렵게 되었다.

지시명령형 리더는 일사불란한 대응을 요구하던 과거 산업시대의 산물이다. 엄청나게 빠른 속도로 발전하는 신기술, 넘쳐나는 정보, 급변하는 경쟁환경이 지배하는 지금 시대에는 리더 한 사람의 판단에 의존하는 과거의 리더십이 더 이상 효과를 발휘하지 못한다. 현 경제의 발전단계 자체가 각 구성원들이 창의성을 최대한 발휘하기를 요구하는 시대이기도 할뿐더러 우리가 눈으로 확인하고 있는 것처럼 노동력이 너무나 크게 변했기 때문이다.

  신세대 인재들에게 회사생활이 최우선순위가 될 것으로 쉽게 가정하고 획일적인 조직문화에 따르라고 하는 것은 이미 맞지 않는다. 삼겹살에 소주를 마시며 2차, 3차로 이어지던 회식문화도 바뀌고 있고, 상사가 퇴근하지 않는다고 자리를 뜨지 못하고 야근하던 관행도 사라지고 있다. 조직과 개인의 관계가 일방적이던 시대는 지나갔다. 남녀가 데이트할 때도 뜻이 맞아야 하듯이 서로의 기대사항을 충족시켜줄 때 관계가 지속될 수 있는 것이다. 팀장이든 CEO든 "직원들을 자원봉사자처럼 대하라"는 어느 경영학자의 말을 깊이 새겨들어야 한다.

현명한 리더는
지시하지 않는다

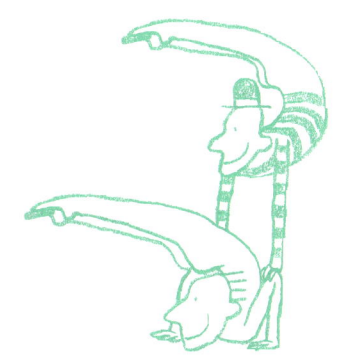

    퇴근 후 집에 들어설 때 자녀들이 현관으로 나와서 반갑게 맞아주길 바라는 가장이 있었다. 일터에서 열심히 일하고 집으로 돌아오는 가장이 그런 정도의 환영은 받아야 하지 않겠는가 내심 생각해왔다. 그런데 그게 아니었다. 몇 번이나 말했는데도 중고생인 아이들은 공부를 핑계로 자기 방에 들어앉아 건성으로 인사 시늉만 했다. 그는 적잖이 실망스러웠지만 더 말하면 잔소리처럼 비칠까 봐 더 이상 말하지 않았다.

    그는 잔소리를 하는 대신 자신이 먼저 바꿔보기로 했다. 아이들이 집에 들어올 때는 TV를 보거나 책을 읽다가도 얼른 일어나서 현관으로 나가 반갑게 맞아주었다. 아내가 외출할 때도 일부러 현관까지 가서 웃는 얼굴로 배웅하였다. 이렇게 한 달 정도 의식적으로 노력했더니 과연 변화가 일어났다. 자신이 들어올 때면 가족들이 어김없이 현관에 나와 인사를 하더라는 것이다. 집안의 분위기도 훨씬 좋아진 것은 물론이다.

아는 분으로부터 전해 들은 이 이야기는 참 신선했다. 『성공하는 사람들의 7가지 습관』의 저자로 잘 알려진 스티븐 코비 박사는 이런 말을 했다. "어떤 상황이 변화하기를 바란다면 우리는 우리가 변화시킬 수 있는 단 한 가지, 바로 자기 자신에게 초점을 맞춰야 한다"고. 혹시 직원이 변화하기를 바라면서 계속 직원의 문제행동에 초점을 맞추고 있다면, 그 리더에게 이 말을 들려주고 싶다. 상황을 변화시키고 싶다면 당신 자신이 할 수 있는 것이 무엇인가를 생각하고 이를 실천해야 한다. 리더십이란 변화에 관한 것이다.

우리가 상사로서 직원들을 변화시키고 싶거나 부모로서 아이들을 변화시키고 싶을 때도 마찬가지다. 상대방의 변화를 위해 내가 할 수 있는 것은 무엇인가가 우리가 사유해야 할 주제다. 왜 우리 직원이나 자녀가 저 수준밖에 안 될까 하는 한탄이나, 과정이야 어떻든 결과만 내고 보자는 식의 조급함은 응급처방에 불과하다.

위의 가장이 요즘 아이들이 버릇없다는 생각에만 사로잡혀서 계속 잔소리만 해댔다고 생각해보자. 아버지의 잔소리에는 '너희들은 그것밖에 안 되냐!'라는 소리 없는 질책이 묻어 있게 마련이다. 상대방이 그런 자세로 나오면 좋은 마음으로 선선히 행동을 바꿀 사람이 이 세상 어디에 있을까. 잔소리가 듣기 싫어 마지못해 나서다가 결국은 다시 예전으로 돌아가버릴 것이다.

　아이들의 행동을 변화시키려면 그들이 좋은 의도를 갖고 있다는 것을 인정해주고 자연스럽게 본을 보여야 한다. 마찬가지로 직원들을 개발하고 변화시키기 위해서는 그들이 잠재력을 갖고 있음을 믿고 기회를 주는 동시에 스스로 높은 기준에 의해 행동하는 리더의 모습을 보여야 한다.

　리더란 결국 사람들을 통해 성과를 달성하는 사람이다. 과거에는 사람들에게 명령하고 질책하여 목표한 성과를 달성하는 것이 리더의 기본 역할이라고 믿었다. 그 밑바닥에는 조직 구성원들을 매우 균질적인 집단으로 간주하는 패러다임이 존재한다. 피라미드형 위계조직에 속한 구성원들은 모두 승진을 위해 치열한 경쟁을 할 것으로 가정되었고 그들을 가장 잘 움직이게 하는 것은 금전적 보상이라고 믿었다.

　이제는 인재들에게 맞춤형 코칭을 제공하면서 그들을 성장시키는 코칭 리더십이 절실해졌다. 아무리 유능한 상사라도 직원들이 하루 종일 처리하는 일들을 일일이 파악하여 이래라저래라 간섭하거나 해답을 제공하기란 불가능하다. 상사가 지시하지 않아도 직원들이 자발적으로 움직이고 자신의 능력을 100퍼센트 발휘하도록 하려면 어떻게 해야 할까? 관건은 리더들이 코치의 역할을 수행할 수 있는가의 여부다.

코치형 리더들은 지시하고 명령하고 질책하는 대신 경청하고 질문하고 제안한다. 코칭은 성과를 달성하고 문제를 해결해나가는 커뮤니케이션 스킬이다. 무엇보다 코치형 리더들은 자신들이 해법을 제시하지 않고 코칭 받는 직원이 스스로 문제를 파악하고 해결하도록 도와준다. 코칭이란 코치가 아닌 코칭 받는 사람이 주체가 되는 새로운 리더십이다.

충고하지 말고
호기심으로 접근하라

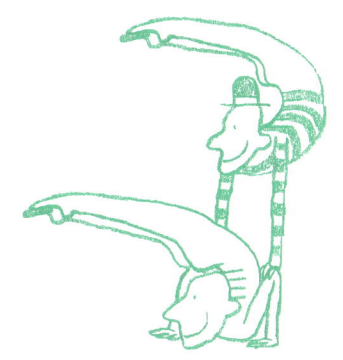

　직원이 중요한 프로젝트에 대한 프레젠테이션을 하게 되었다. 중요한 이해당사자들의 승인을 받아야 하는 자리여서 팀장은 직원에게 프레젠테이션의 중요성을 강조하고 준비를 철저히 하라고 당부했다. 필요한 몇 가지 발표훈련도 시키고 어떤 점에 유의해야 하는지도 열심히 설명해주었다.

　하지만 프레젠테이션은 매우 실망스러웠다. 직원은 프레젠테이션 초기에 사람들의 주의를 집중시키지 못하여 분위기가 산만해졌고 참가자들로부터 나온 질문에도 초점을 맞추지 못하는 답변으로 중언부언하다가 어설프게 끝냈다.

상사는 화가 나서 직원을 불러 이야기를 시작했다.

"자네, 이번 프레젠테이션의 문제점이 뭐라고 생각하나?"

직원이 우물쭈물하며 대답을 못하자 바로 질책이 이어진다.

"프로젝트의 목적에 대해서 뚜렷하게 각인을 시켜줘야 한다고 내가 그렇게 강조했잖은가? 그리고 자신감 있는 태도로 확실히 말해야지. 그게 어려우면 본인이 할 말을 밤새워 외우기라도 해야지 앞에 나와서 더듬거리면 어떡하나. 그리고 내가 말했잖는가. 발표 초반에 주의를 집중시킬 만한 것을 포함시키라고 말야. 그렇게 지적을 해줘도 아무 소용이 없으니… 참."

"죄송합니다…."

"죄송하다는 말만 하면 뭐 하나, 노력을 해야지. 질문을 받았을 때도 말야, 질문에 맞는 답을 해야지, 중언부언하다가 마니까 질문이 쏟아지는 게 아닌가."

이런 식으로 상사가 얘기를 시작하면 대화의 80퍼센트는 상사의 질책과 훈계, 충고로 이어지고 직원은 잔뜩 주눅이 들어 다음 번 프레젠테이션에서는 더 자신감을 잃게 되기 쉽다. 아예 프레젠테이션을 두려워하고 회피하게 될지도 모른다.

사실은 이런 상황이 바로 코칭이 필요한 순간이다. 상사가 코치 역할을 해주면 직원이 한 번의 실패로 인해 좌절하지 않고 오히려 개선하는 기회로 만들어 성장의 전환점으로 삼을 수도 있다.

"중요한 프레젠테이션을 하느라 수고 많았네. 느낌이 어떤가?"

"많이 떨렸습니다. 생각보다 쉽지가 않더군요."

"그랬군. 앞으로 떨지 않고 발표를 잘하려면 어떻게 하면 좋을까?"

직원의 느낌을 수용해주고 그 눈높이에서 개선점을 찾아보기 시작하면 직원은 그것을 자신의 이슈로 느끼게 된다. 상사가 해주고 싶은 말도 질문으로 전환하여 직원이 주체가 되도록 하는 것이다.

"자네가 프레젠테이션의 달인이 되려면 어떤 점을 개선하고 싶나?"

"그런 점을 개선하기 위해서 무엇부터 노력해보겠나?"

"내가 어떻게 도와주면 좋을까?"

마음속으로 상대방이 잘못했다고 비난을 하면 아무래도 그 비난이 밖으로 튀어나온다. 엄격한 표정, 딱딱한 목소리, 권위적인 자세, '한 수 가르쳐주겠다'는 어투, '너는 문제가 있다'는 전제. 이런 분위기에서는 말하는 사람이 의도한 것과 정반대의 결과가 나타나기 십상이다. 듣는 사람에게 배움의 효과가 일어나지 않거나 최소한으로 제한되어 버린다.

상대방을 인정해주고 그 내면의 가능성을 탐구할 여지를 허용할 때 학습은 극대화된다. 반대로 상사에 대해 반감을 갖거나 주눅이 잔뜩 들어 있을 때에는 배움이 극도로 제한된다.

상대방에 대한 비난을 빼고 중립적인 자세를 취해보라. 나 중심의 판단과 '고쳐주고 말겠다'는 자신의 에고를 내려놓고, '어떻게 하면 직원이 이 걸림돌을 해결해나갈 수 있을까'에 대해 그 직원에게서 답을 구하라. 중요한 것은 '호기심'을 가지는 것이다. 내 판단을 내려놓으면 호기심이 생긴다. 호기심을 가지고 대할 때 상대방이 해법을 더 잘 탐구하게 되고 진짜 '영양 만점'의 이야기를 하게 된다.

직원의 말을 주의 깊게 들으면서 좀 더 구체적인 실행계획을 세우도록 진전시키고 그것을 통해 학습경험을 갖도록 해주는 것이 코치의 역할이다.

자녀에게도 마찬가지다. 자녀가 성적이 좋지 않거나 어려움을 겪을 때 호기심을 가지고 자녀에게 물어보는 데서 출발해보라. 이미 아이의 마음속에는 어떤 것이 걸림돌이고 어떻게 하면 된다는 생각이 아주 작게나마 자리 잡고 있다. 그 작은 싹을 북돋아주고 크게 이끌어줄 때 아이가 진정으로 성장하는 것이다.

중요한 것은 과거의 문제가
아니라 미래의 기회다

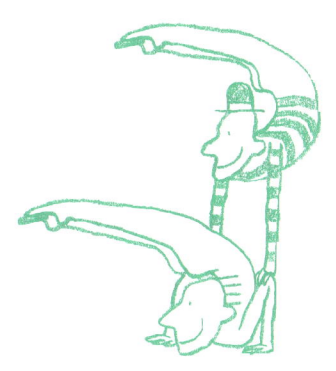

식품류를 취급하는 한 회사의 영업조직에서 있었던 일이다.

영업본부장이 저녁 무렵 퇴근을 준비하고 있는데 영업사원이 헐레벌떡 뛰어들어오더니 "본부장님, 큰일났습니다. A거래처에서 부도를 내서 7천만 원을 떼이게 되었습니다"라고 울상이 되어 보고를 했다. 본부장은 자신도 모르게 "도대체 영업사원이 뭐 하는 거야? 어떻게 일을 하기에 거래처가 부도가 나고서야 보고를 해? 7천만원을 당신이 대신 갚을 거야?" 하는 호통이 터져나왔다.

그러나 감정 폭발이 지속된 시간은 불과 30초 정도였다. 그 다급한 상황에서도 최근에 배운 코칭이 생각난 본부장은 마음을 가라앉히며 직원에게 이렇게 물어보았다.

"지금 우리가 할 수 있는 최선의 방책은 무엇이라고 생각하나?"
"그 방법을 썼을 때 결과는 어떨 것인가?"
"당장 해야 할 일은 무엇이고 장애물은 무엇인가?"

차분히 앉아서 30분간 집중 논의한 끝에 그들은 그날 밤 안으로 신속하게 행동을 취했고, 덕분에 손실액은 그날 밤을 그냥 넘겼을 경우 잃었을 금액의 20퍼센트 선에 그칠 수 있었다. 손해를 입은 다른 업체들과 비교할 때 가장 적은 액수였다.

본부장은 자신이 그 상황에서 그렇게 대처할 수 있었다는 것이 스스로도 대견하게 생각될 정도라며 웃었다.

이것이 바로 성장이다. 매니저든 경영자든 사람인지라 감정에 휘둘리기 쉽다. 일이 잘못되었을 때 '누구의 책임인가?'를 따지고 그를 문제인물로 지목하고 원망하는 데 시간과 에너지를 다 쏟아버리기 쉽다. 그러나 코칭은 과거의 문제 대신에 미래의 기회에 초점을 맞춘다.

학교성적이 나쁜 자녀가 있다고 하자. 부모들의 반응 중에 좋지 않은 것은 이런 것이다.

"그렇게 공부하라고 했는데 게임만 하더니 그것 봐라!" 하며 혼을 내는 부모. "도대체 공부 안 하고 그동안 뭐 한 거냐?", "그러고도 잠이 오냐?"는 식으로 모멸감을 주는 부모. 이런 말들이 자녀에게 얼마나 커다란 상처를 주는지 부모들은 잘 알지 못한다.

현명한 부모는 다르게 대처한다.

"이미 지나간 것 때문에 너무 속상해하지 말자", "그래도 공부한 것은 어디 안 가니까 노력한 만큼은 너에게 남을 거야"라고 공감하고 인정해주면서 "다음번 시험에서는 어느 정도 성적을 받고 싶니?", "그러려면 네가 어떻게 달라져야 할까?"라고 물어보고 스스로 생각해내도록 격려해준다. 그렇다고 '어떻게 해도 좋다'는 식으로 마냥 받아주기만 하는 것은 아니다. 자녀가 약속을 잘 지키는지 체크해주고 스스로 어려움을 견뎌나가도록 묵묵히 지켜봐준다. 그리고 조그만 긍정적인 변화라도 인정해주고 지지해준다. 현명한 부모의 코칭 접근법이란 이런 것이다.

큰아이가 초등학교 5학년 때의 일이다. 일주일에 두 번씩 다니는 수학 학원은 매주 시험을 보고 곧바로 평균점수와 본인 점수를 집으로 보내오고 있었다. 일하는 엄마로 너무 바쁘게 지내던 나는 아이 성적이 어떻게 되고 있는지 관심을 갖고 제때 들여다보지 못하고 있었다. 그러던 어느 날 저녁, 아이 방에서 얘기를 나누다가 책상 한켠에 쌓인 시험지들을 보게 되었는데, 우리 아이가 평균에 훨씬 못 미치는 성적을 거의 두 달째 받아왔다는 사실을 뒤늦게 발견했다. 솔직히 당황스러웠고 적잖이 실망스러웠다.

예전 같으면 혼부터 내고 나서 열심히 하라고 잔소리를 했을 것이다. 그리고 다음 날쯤 서점에서 수학문제집을 사다가 아이에게 주면서 이렇게 말했을 것이다.

"애야, 이대로는 정말 안 되겠다. 이제부터 이 문제집을 매일 다섯 쪽씩 풀어놔. 알았지? 엄마가 퇴근해서 채점해줄게. 너 이대로 가다간 정말 큰일 나겠어!"

그러나 그때 나는 한창 코치로서 트레이닝을 받던 중이었다. 나는 성급하게 훈계하거나 해결책을 제시하고 싶은 마음을 꾹 참았다. 대신 호기심을 가지고 아이의 생각을 물어보았다.

"연수야, 있잖아, 수학을 어느 정도로 잘하고 싶니?"

아이는 희미하게 웃으며 "나도 잘하고는 싶지…"라며 말끝을 흐렸다.

"그래, 어느 정도로 잘하면 좋겠는데?"

"글쎄… 반에서 1, 2등 하면 좋지 뭐…."

"반에서 1, 2등 하려면 어떻게 하면 될까?"

"당연히 공부를 열심히 해야지."

"음… 그렇구나. 열심히 해야 된다고 생각은 하는데 생각처럼 잘 안 되는 모양이지?"

조금 망설이던 아이는 입을 열었다.

"엄마, 사실은 수요일에 학원 가서 시험 볼 때만 공부 열심히 할걸, 하는 생각이 들어요. 근데 집에만 돌아오면 그 생각을 잊어버려…."

"언제까지?"

"다음 주 수요일이 될 때까지."

이런 악순환이 계속 되풀이됐던 것이다. 이것은 사실 엄마로서 놀라운 발견이었다. 아이의 상황이 어떤지 그제야 충분히 이해하게 된 것이다. 그럴 수 있지 않은가. 피아노도 쳐야 하고 축구도 해야 하고, 게임도 하고 싶고… 할 일도 많지만 그럼에도 어떻든 아이는 놀고 싶은 것이다. 당연한 일이다.

그러나 '공부를 잘하고 싶다'는 생각이 있으니 그것이 희망이다. 그래서 비판과 충고를 하지 않고 아이의 생각을 그대로 따라가보았다.

"그래? 그럼 어떻게 하면 그 생각을 잊어버리지 않을 수 있을까?"

아이는 조금 있더니 나름대로의 해결책을 제시했다.

"엄마… 저기 있는 화이트보드에 적어놔볼까?"

"그래, 그거 좋겠네. 한번 적어볼래?"

나는 솔직히 아이가 무엇을 적겠다고 하는지 몰랐다. 조금 기다리니 아이가 주방 쪽에 있는 작은 화이트보드에 삐뚤빼뚤한 글씨로 요일별 공부시간을 적는 것이었다.

"월 - 3:00 ~ 3:20"

"화 - 4:00 ~ 4:20"

"수 - 3:00 ~ 3:20"

하루 20분이라는 공부시간은 내가 느낀 심각성으로 보면 전혀 성에 차지는 않았지만 일단 아이의 해법을 존중해주었다.

"그래, 엄마가 어떻게 도와주면 좋겠니?"라고 물었더니 크게 도와줄일은 없다고 대답한다. 그래서 그 시간에 공부하는 게 잘되고 있는지를 가끔 물어봐주었다.

결과는 어땠을까? 공부를 전혀 안 하던 아이가 매일 20분씩 수학공부를 하니 전보다 성적이 오른 것은 당연했다.

만약 부모가 "얘, 안 되겠다. 여기 문제집 사왔으니까 너 오늘부터 매일 다섯 쪽씩 풀어놔!"라고 하거나 "이제부터 게임 금지야! 돈이 남아돌아서 학원 보내는 줄 아니?"라는 질책으로 끝냈으면 어땠을까? 자신에 대한 부정적 이미지로 잔뜩 주눅이 든 채 마지못해 하는 공부가 되기 쉬웠을 것이다.

아이가 시험을 볼 때 실수했다고 하면 "야! 실수도 실력이야. 그러게 내가 문제부터 잘 읽어보라고 했잖아"라고 면박을 주는 대신, "그래? 어떻게 하면 실수를 줄일 수 있겠니?", "다음부터는 뭐를 다르게 하면 좋을까?"라는 자세로 접근해보자.

코칭은 과거의 문제점을 지적하는 것이 아니라 미래의 기회에 초점을 맞춘다. 과거에는 비록 부족하더라도 미래에 스스로 챔피언이 될 기회를 만들어줄 수 있고 그런 작은 노력과 성공의 경험이 아이들을 키워주는 것이다.

작은 일에서
큰 깨달음 얻기

한 벤처기업가로부터 금연에 성공한 이야기를 들었다.

금연하기로 마음을 먹은 그는 인터넷에서 금연에 대한 정보를 찾아보았다. 그리고 그렇게 찾은 금연방법 몇 가지를 두 달 동안 실천에 옮겼다. 주위에 공표하기, 재떨이 치워버리기, 물 많이 마시기, 술자리 자제하기 등등이 그가 실행한 일이다.

이렇게 해서 금연에 성공한 후 그는 큰 깨달음을 얻었다. 인터넷에 공개된 금연방법을 그대로 우직하게 실행했더니 금연이 되더라는 것이다. '이렇게 단순한, 세상 사람들이 다 아는 내용을 실행에 옮기기만 하면 되는데, 왜 그동안 미궁에서 헤매왔나' 하는 생각이 들었다.

세상 돌아가는 이치, 성공하는 방법, 회사를 경영하는 원칙…. 이 모든 것들에 대해 뭔가 남들이 모르는 비법이라도 있으리라고 생각해왔었는데 사실은 자기 내부에 해답이 있었음을 깨달았다.

"학교 다닐 때 저는 늘 뒷자리에 앉았죠. 앞에 앉은 모범생들이 수업시간에 열심히 하고 시험점수에 연연할 때 솔직히 그들을 좀 우습게 여겼습니다. 세상의 룰은 학교에서 공부 잘하는 것과 다른 것이라고 자위하면서요…."

멋지게 차려입은 옷, 약간 튀는 듯하지만 세련된 안경, 유행을 앞서가는 헤어 스타일…. 남자라도 상당히 패션에 신경을 쓰는 편이었던 그는 또 이렇게 말했다.

"사람들이 평범한 복장으로 다닐 때 저는 그들이 저처럼 못 입는 것이라고 생각했죠. 그런데 잘 생각해보니까 못 입는 게 아니라 안 입는 거였죠. 그들은 튈 필요가 없으니까요."

어렸을 적에는 생업에 바쁜 부모님의 관심을 끌려고 시끄럽게 굴기도 했다. 조그만 일에도 크게 불평하거나 일부러 우스꽝스러운 행동을 하기 일쑤였고 그래서 산만한 아이로 평가되었다. 그는 이렇게 이런 결론을 내렸다.

"지금 생각해보니, 원래 부모님의 사랑이 충족되는 아이들은 그렇게 튀게 행동할 필요가 없었던 거죠. 그냥 조용히 있어도 문제가 없는 겁니다. 학교의 모범생들도 마찬가지죠. 그들이 우직하게 공부하면서 자기 앞길을 개척해나가는 동안 저는 뒤에서 세상의 성공을 압축적으로 달성하는 비법이 없나 기웃거렸던 것 같습니다."

금연에서 비롯된 그의 발견과 성찰은 듣는 나에게 큰 감동을 주었다. 그는 눈빛도 깊어졌고 목소리 톤에도 힘이 실렸다. 행동과 외모도 변화하는 것이 느껴졌다. 그는 지금 경영 스타일도 나날이 새롭게 바꾸어가는 중이다. 경영자의 인생관, 가치관, 리더십이 얼마나 기업경영에 크게 영향을 미치는가. 그 조직의 변화와 성장을 기대 어린 심정으로 지켜보게 된다.

작은 실마리가 주어졌을 뿐인데 그것을 확장해서 이렇게 깊은 성찰을 하고 변화를 이루어가는 것을 보며 사람의 잠재력이 얼마나 대단한지를 크게 깨닫게 되었다. 어떤 교육이나 교훈적인 책보다도 그를 변화시키고 그 변화를 지속하게 하는 힘은 바로 성찰이었을 것이다. 이렇게 그는 자기 인생과 사업에서 챔피언이 되는 길을 찾아나갔다.

코칭에서 중요한 것은 이렇게 자기 성찰을 통해 더욱 성장하도록 하는 것이다. 스스로의 깨달음이 변화와 성장의 동인이 되면 그것은 외부 시스템이나 룰로 인해 강제되는 것보다 훨씬 차원이 높고 지속적인 변화를 이끌게 된다.

콘텐츠보다
더 중요한 것이 있다?

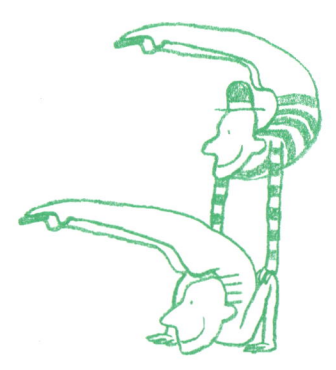

어느 중소기업의 경영자가 직원교육을 통해 큰 성찰의 계기를 얻게 되었다. 그는 조직을 계속 성장시키기 위해 많은 노력을 하는 분으로, 특히 직원교육을 중시해 지속적으로 투자를 해왔다. 기업을 성장, 발전시키는 것은 결국 사람이고, 그러므로 사람들이 어떤 마인드와 어떤 역량을 갖추느냐가 기업의 경쟁력을 결정하게 된다는 철학이 뚜렷했기 때문이다. 그 노력 중 하나로 이 회사는 매월 훌륭한 강사를 초빙해서 전 직원에게 교육을 시키고 있었다.

한번은 대단히 유명하고 섭외하기가 어려운 강사분을 초빙해서 교육을 했다. 그런데 놀라운 것은 직원들의 반응이었다. 강의 후 받은 설문평가에서 여러 권의 베스트셀러를 낸 이 유명 강사가 지난 몇 년간의 강사들 중 최악의 점수를 받은 것이다.

경영자는 고민하기 시작했다. 본인이 직접 그 자리에서 들어본 바로는 교육내용이 좋았고 특히 젊은 직원들에게 매우 유익한 것이었다. 경영자는 문제가 무엇인지를 파악하려고 설문평가 내용을 살펴보고 직접 몇몇 직원에게 물어보았다. 피드백은 주로 이런 내용이었다.

"너무 지루했다." "책에 나온 내용을 그대로 반복하는 것 같다." "교과서적인 얘기를 나열한다." "자기 자랑이 많다." "유익하다. 하지만 잘난 사람들에게만 통할 것 같다" 등등.

아하! 문제는 교육의 내용, 즉 콘텐츠가 아니라 그 내용을 어떻게 전달하는가, 즉 딜리버리delivery에 있었다. 우리가 전달하고 싶은 메시지가 콘텐츠라면, 그것을 듣는 이들이 얼마나 잘 받아들일 수 있는가를 결정하는 것이 딜리버리 스킬이다. 경영자가 보기에 그 교육은 콘텐츠는 훌륭했지만 젊은 직원들에게 다가가기에는 전달기법이 너무 일방적이고 낡은 것이었다. 강사가 앞에서 지루하게 자신의 사유세계를 펼쳐 보이는 동안 직원들은 자기와 별 연관이 없는 공자님 말씀이라고 생각하면서 졸거나 지루해서 몸을 비비 꼬는 것이다.

경영자는 강의에 대한 평가를 한 단계 확장해서 생각해보았다.

'그렇다면 내가 사장으로서 직원들을 모아놓고 하는 말은 과연 어떻게 전달되고 있을까?'

다시 생각해보니 늘 '직원들에게 어떤 메시지를 줄 것인가'만 고민했지 '내가 어떻게 전달하면 직원들이 더 잘 받아들일 수 있을까'에 대해서는 한 번도 심각하게 생각하지 않았다는 것을 깨달았다.

몇 사람 정도가 함께 일하는 곳이라면 몰라도 직원 수가 수십 명을 넘어가기 시작하면 경영자는 자신의 생각을 어떻게 전달할 것인가라는 딜리버리 방식에 신경을 써야 한다. 딜리버리 방식은 전문강사에게만 해당되는 사항이 아니다. 직원들이 좀 더 잘 받아들일 수 있게 하려면 첫 부분에 주의를 집중시킬 수 있는 방법, 더 쉽게 이해할 수 있는 예화나 스토리, 일과 삶에 적용할 수 있게 하는 생생한 언어 등을 적절히 활용할 줄 알아야 한다. 경영자가 메시지를 분명하게, 반복적으로 전달할 때 그것은 조직을 한 방향으로 이끄는 매개가 될 수 있다.

딜리버리 방식의 중요성을 느끼면서도 몇 번 회의석상에서 발언한 것으로 직원들이 알아서 이해하고 따라와주기를 바라는 경영자도 많다. 현실은 경영자의 기대와 전혀 다르게 돌아가는데도 말이다. 직원들은 리더의 말에서 힘과 용기를 얻고 싶어한다.

경영자가 딜리버리를 잘 개선해서 원하는 수준에 도달하려면 기본적으로 상대방을 배려하는 마음, 즉 서비스정신이 필요하다. '내가 전달하는 내용은 다 맞는 말이고 유익한 것이기 때문에 이것을 잘 들어서 취하는 것은 너희들의 몫'이라는 생각에서 탈피하지 않으면 안 된다. 어떤 면에서는 전문가일수록, 내용에 대한 확신이 강할수록 자기중심적인 생각에 매몰되기 쉽다. 하지만 그것은 기본적으로 내 중심의 관점일 수밖에 없다.

상대방 중심의 관점에서 자신의 메시지를 잘 전달하려면 어떤 것을 바꾸어야 할까. 경영자들이 늘 생각해볼 문제다.

축 처져 있는
상대를 만났을 때

코치는 상대방의 상태를 예민하게 파악해야 한다. 그가 하는 말, 어조, 표정, 자세 등을 통해, 그리고 자신의 직감을 사용하여 상대방이 어떤 상태에 있는지를 알 수 있다. 상대방이 자신감이 아주 떨어져 있거나 우울해 있을 때는 코칭도 잘 진전되지 않는다. 상대방이 축 처지고 모든 것을 부정적이고 회의적으로 보고 있으면 새로운 가능성을 발견하기가 그만큼 힘이 드는 것이다. 이럴 때 코치는 어떻게 하는 것이 좋을까?

우선 그 상태를 객관적으로 보게 해주는 것이 좋다. 사람들은 누구나 좋을 때와 나쁠 때가 있고, 지금은 그러한 사이클의 한 부분에 불과하다는 것을 알려준다. 자신이 그런 상태에 있다는 것을 깨닫는 것 자체가 새로운 가능성을 열어주기도 한다.

"지금과 같은 느낌을 받은 적이 전에도 있었나요?"

"자신감이 충만했을 때와 비교하면 지금은 어떻다고 말할 수 있나요?"

두번째, 현재의 제약에서 벗어나 생각할 수 있도록 과감하게 미래 시점으로 옮겨가본다.

"10년 뒤 이상적인 자신의 모습은 어떤 것인가요? 한번 그려보겠습니까?"
"이 일이 완전하게 해결되고 나면 어떨까요? 거기에 대해 얘기해주시죠."
"그런 관점에서 지금 이 문제를 본다면 어떤 조언을 하겠습니까?"

이런 질문들은 자신의 시야를 좀 더 크고 높게 가져가서 현재의 이슈를 객관적으로 보게 하기 때문에 문제 자체에 압도되거나 방향을 잃은 듯한 상태에서 벗어나도록 하는 데 도움이 된다.

나 중심에서
상대방 중심으로

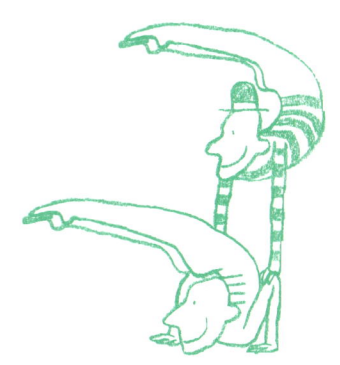

    상사나 부모 못지않게 가르치는 분들에게도 코칭 방식이 필요하다. 교사든 교수든 강사든 남을 가르친다는 것 자체가 이미 상대방을 성장시키는 일이다. 그러나 이를 위해서 지식 전달 이상으로 중요한 것이 학생을 주체로 만드는 일이다. 그래야 자기 내면화를 이끌어낼 수 있기 때문이다.

    몇 년 전 대학교수님들을 대상으로 코칭 워크숍을 진행한 적이 있었다. 학생들의 잠재력을 이끌어내기 위해서 어떤 경우에는 교수가 일방적으로 판단을 제공하는 대신에 질문하고 경청하는 것이 필요하다는 요지의 내용이었다. 워크숍에서 교수님들은 코칭의 접근법과 철학, 스킬에 크게 공감했고, 이틀 동안에 큰 패러다임 전환을 경험했다고 말해주었다.

경영학을 가르치는 한 교수님은 나중에 이런 사례를 들려주기까지 했다.

지방대학에서 학생들을 가르치다 보니 알게 모르게 학생들의 수준을 낮잡고 있었다. 그리고 늘 학업을 대하는 태도나 성취수준이 미흡하다고 느꼈다. 그 결과 학생들에게 요구하는 수준도 함께 낮아졌다.

그런데 워크숍에 참가한 후로 생각이 바뀌었다. 교수님은 '학생들에게 아직 발현되지 않은 잠재력이 있고 좀 더 높은 과제를 스스로 충분히 해낼 수 있다'고 생각하게 되었다. 그래서 경영학과 학생들에게 좀 더 높은 수준의 그룹과제를 내주었다. 그것은 그 지방의 기업들을 대상으로 각 기업이 어떤 경영전략을 채택하고 그 전략이 현실적으로 어떻게 구현되고 있는지를 확인하는 프로젝트였다. 인터뷰와 설문조사 등이 학부학생들이 직접 수행하기에는 벅차지 않을까 하면서도, 교수님은 학생들에게 과제의 목표를 분명히 정해주고 어떤 방법으로 과제를 해결할 것인지에 대해서 학생들의 토론을 이끌어냈다. 대상기업 선정과 학생들간의 역할분담, 일정계획, 최종보고서 형식 등 필요한 요소들을 정하게 하고 그것이 진행되는 것을 격려하며 지켜보았다.

놀라운 일이 벌어졌다. 그 전에는 개별적으로 내는 리포트도 제대로 내지 않고 수업시간에 집중도가 떨어지는 등 실망스러운 모습들이었는데, 이번의 그룹 프로젝트는 아주 성공적으로 완료되었던 것이다. 모든 학생이 주체가 되어 열심히 대상기업들을 조사하고 스스로 결과물을 만들어내는 과정도 아주 만족스러웠다.

교수님은 학생들에게 잘해냈다는 것을 진심으로 인정하고 크게 칭찬해주었다. 그러면서 내심 '지방대 학생이라고 그간 나도 모르게 제한하고 있지는 않았던가' 반성하게 되었다.

그 밖에도 학생과 면담방식을 완전히 바꾸어 휴학하려던 학생의 생각을 전환시킨 사례, 학생이 자기 이야기를 맘놓고 할 수 있도록 하여 정말 진솔한 대화를 나누었다는 사례 등을 듣게 되었다.

한번은 그 워크숍에 참여했던 교수님 한 분이 내게 이런 질문을 했다.

"예를 들어서 제가 학생을 코칭할 때 말입니다. 저에게는 100점짜리 해법이 있는데, 학생이 생각해낸 해답이 70점밖에 안 될 때는 어떻게 합니까?"

나는 성급한 답변을 하는 대신 교수님에게 역으로 질문을 했.

"교수님의 생각이 100점짜리라는 것을 어떻게 아시죠?"

잠시 침묵이 흘렀다. 이윽고 교수님은 웃으면서 대답했다.

"하긴 그것도 저의 잣대로 본 것이지요. 제 생각에는 100점짜리지만, 사실은 정말 그 학생에게 맞는 경우에만 100점이 될 수 있겠다는 생각이 드네요. 어떤 면에서는 학생의 70점짜리를 시도해보게 하고 그것을 통해 배우게 하는 것이 최선의 해결책일 수도 있고요."

교수님의 지혜로운 대답을 통해 우리는 또 한 번 배울 수 있었다.

조언과 충고가 필요한 상황도 물론 있다. 그러나 조언을 청해놓고도 막상 상대가 이런저런 의견을 들려주는 동안 머릿속으로는 "나는 꼭 그렇지는 않은데…", "내 경우는 조금 다른데…" 하면서 선택적으로 경청한 경험이 누구나 있지 않은가.

지시나 충고, 그리고 조언에 대한 선택적 경청이 자신의 판단과 경험에 의존한 '나 중심'의 패러다임이라면, 코칭은 상대방이 스스로 문제점을 깨닫고 자기에게 맞는 해결책을 발견할 수 있도록 하는 '상대방 중심'의 패러다임이다.

코칭이 강력한 이유는 이것이 인간에 대한 과학적인 이해, 심리학적인 기초 위에 서 있기 때문이다. 또한 상대방을 하나의 전인격체로 존중하는, 가장 인본주의적인 접근법이기 때문이다.

02
사람을 성장시키는 길을 묻는다

코칭의 스킬

Chapter ● 1

경청의 놀라운 힘

잘 들어주는 것보다
큰 선물은 없다

　재미있는 실험이 있다. 똑같은 주제를 가지고 정해진 시간 동안 상대방에게 이야기를 하고 상대방은 들어주는 게임이다. 결론부터 말하면, 경청하는 자세에 따라 그 결과가 너무나 다르다는 것이다.
　듣는 사람이 의도적으로 산만하게 굴면서 말하는 사람에게 주의를 기울이지 않으면, 말하는 사람은 하고자 하는 말의 초점을 상실한다. 마치 벽에 대고 말하는 것처럼 이야기 자체가 이어지지 않고 끊어지며 무슨 얘기를 하고 있는지 스스로도 헷갈린다. 짧은 시간도 무척이나 길게 느껴진다. 상대방에게 화가 나고 무시당한 느낌을 갖는다.
　반면에 상대방이 듣는 데 주의를 집중하고 공감해주면서 잘 들어주면 어떨까? 말하는 사람은 이야기 도중에 계속 새로운 생각이 솟아나서 더욱 창의적이 되고 말하면서 스스로 정리하게 된다. 시간이 너무나 빨리 지나가는 것처럼 느끼며 들어주는 사람에게 호감을 갖게 된다.

이처럼 경청은 대화의 질과 수준을 결정할 만큼 중요하고도 능동적인 역할을 한다. 말하는 사람만이 아니라 듣는 사람도 대화에 능동적이고 적극적인 영향을 미치는 것이다.

우리가 코칭하고자 할 때 가장 먼저 해야 할 일은 상대방의 말을 진심으로 깊이 있게 듣는 것이다. 경청은 그냥 들리는 것을 수동적으로 듣는 것이 아니다. 마음을 기울여 진심으로 듣는 것이다. 경청은 의식적인 선택이며 상대가 말을 할 때 방해하지 않는다는 정도를 넘어서 마음으로 귀기울여 듣는 적극적인 행위이다.

우리가 흔히 하는 착각 중의 하나는 말하는 사람이 대화를 주도한다고 생각하는 것이다. 그런데 사실은 듣는 사람이 어떤 정도로 들어주느냐에 따라서 말하는 수준, 대화의 질이 결정되는 경우가 훨씬 많다. 처음에 똑같이 시작된 이야기도 상대방이 진정한 관심을 보여주고 공감해주며 더 깊게 이해해주면 말하는 사람은 훨씬 더 풍부하고 깊은 이야기로 진전시킨다. 반대로 건성으로 듣거나 자기의 즉자적인 반응을 하기 위해 듣는다면 말하는 사람은 원래 하려고 했던 이야기의 절반도 하지 않고 그만두어버리는 것이다.

잘 들어주는 것은 우리가 타인에게 줄 수 있는 귀중한 선물이다. 옳다, 그르다 판단하지 않고 그냥 들으면서 그의 입장을 공감해주는 것만으로도 치유의 효과가 있다는 연구결과도 있다. 잘 들어주고 공감해주면 몸에서 엔도르핀이 솟고, 맥박은 안정되고, 혈압이 내려가는 생리적 반응이 나타날 정도라고 한다.

그런데 이렇게 좋은 경청이 왜 그렇게 어려운 것일까? 아마도 경청하기 어려운 이유 중 가장 큰 것은 말하고자 하는 욕구 때문일 것이다. 상대방의 이야기를 들으면서도 속으로는 계속 자기가 할 말을 생각하는 경우가 얼마나 많은가.

'음, 저 얘기 끝나면 이런 얘길 해야겠어.'
'저 생각은 잘못된 건데… 잊어버리지 말고 지적해줘야지!'
'아니, 어떻게 저렇게 생각이 짧을까?'
'아하, 이런 얘기군… 내가 다 아는 거야.'

이런 식으로 듣다 보면 그 사람이 말하는 내용 전체를 이해하는 것이 아니라 들리는 몇몇 표현 혹은 키워드를 중심으로 선택적으로만 경청하게 된다.

사람들의 대화를 유심히 관찰해보면 진정한 대화가 얼마나 어려운지 알 수 있다. 친구 모임이나 친척 모임, 혹은 심지어 직장의 회의석상에서 오가는 말들을 유심히 들어보라. 거기에는 사실 진정한 대화가 없는 경우가 많다. 한 사람이 말하면 다음 사람은 거기에서 촉발된 자기 생각을 말하고, 그것이 또 다른 사람에 의해 해석되어 다른 에피소드로 이어져간다. 남의 이야기를 진정으로 듣는 것이 아니라 자기 생각에 빠져서 듣고 '아, 저 사람 말 끝나면 내가 이런 말을 해야겠다'는 식이다.

자녀의 이야기를 들을 때는 또 어떨까? 물론 아이들의 말을 잘 경청하고 감정을 수용해주는 코치형 부모들도 있지만, 기회만 있으면 훈계하고 지적하느라 시간을 보내버린다는 경우가 훨씬 많다.

모두가 진정으로 듣는 것이 아니라 자기가 말할 차례를 잠깐씩 기다리고 있는 것처럼 느껴진다. 경청이 우리가 훈련해야 할 하나의 스킬이라는 것은 바로 이런 이유 때문이다. 자신의 판단을 내려놓고 진심으로 남의 말을 듣는다는 것은 얼마나 어려운가.

중소기업 경영자들을 대상으로 '경청'을 주제로 강의를 하게 되었다. 대화에서 경청이 얼마나 중요한가, 그리고 경청하려면 어떻게 해야 하는가 등의 주제를 다루었다. 일주일 후에 한 경영자가 내게 들려준 말이다.

"지난 한 주간은 직원들의 말을 경청하려고 마음먹고 노력을 했습니다. 그런데 직원들의 얘기를 들으면서 정말 놀라운 것을 깨닫게 되더군요. 사실 저는 우리 직원들이 그렇게 똑똑한지 몰랐습니다. 제 말을 줄이고 그들의 얘기를 듣다 보니 직원들이 문제의 원인도 알고 있었고 아이디어도 많았습니다. 15년 동안 사업을 해오면서 느끼지 못했던 놀라운 경험이었죠."

진정한 대화란 상대를 인정하는 데서 시작된다. 경청은 바로 상대방을 있는 그대로 인정한다는 적극적인 표현행위다. 그래서 경청을 잘해주면 상대방이 마음을 열게 되는 것이다. 들어주는 사람한테는 더 말하게 되고 내 스토리와 감정, 나의 주장을 들어준 사람은 이미 나와 '연결된 사람'이 된다. 그래서 각별해지는 것이다.

주의 깊게 들으면 우리는 '그가 누구인지' 알게 된다. 그가 어떤 가치를 소중히 여기는지, 무엇을 더 원하고 있고, 무엇이 결여되어 있는지를 들여다보게 된다. 이렇듯 그 사람 본연의 모습과 만날 때 진정한 '교류'의 경험이 나온다.

상대방의 말을 잘 듣는 것은 또한 상대방이 갖고 있는 가치관과 연결되는 것을 의미한다. 누구나 자신이 소중하게 여기는 가치가 있다. 가치란 자신에게 가장 자연스러운 지향으로 '무엇을 해야 한다'는 식의 당위와는 구별된다. 나는 '배움과 성장'이란 것에 큰 가치를 두고 있다. 이것은 호기심이 많고 새로운 것을 배우기를 좋아하는 나의 타고난 성향과 깊은 관련이 있다. 경청을 통해 무언가를 배우고 깨우칠 때 나는 행복을 느낀다. 사람들도 마찬가지다. 자신의 가치와 일치되는 행동을 할 때 마음의 평화를 느끼는 법이다. 거꾸로 자신의 가치관과 어긋나는 선택을 할 때 사람들은 괴로워한다.

누군가 내 이야기를 깊게 들어주면서 내가 어떤 사람인지를 알아봐주고 내가 중시하는 것에 대해 대화하며 내가 아쉬워하는 것을 공감해주고 더 나아가도록 격려해준다면 그것은 그 자체로 훌륭한 코칭이다.

배우자 경청과
맥락적 경청

어느 날 저녁, 신문을 보던 남편이 아내를 불렀다.

"여보, 이것 좀 봐. 여자들이 남자보다 2배나 말을 많이 한다는 통계가 실렸네! 남자는 하루 평균 1만 5천 단어를 말하는데, 여자들은 3만 단어를 말한다는 거야!"

이 말을 들은 아내가 말했다.

"남자들은 늘 여자가 똑같은 말을 두 번씩 하게 만들잖아요. 그러니까 두 배지!"

약 3초 후에 남편이 아내를 향해 물었다.

"뭐라고?"

바로 이런 것을 가리켜 '배우자 경청'이라고 한다. 아내가 말할 때 남편이 신문을 보거나 TV를 보면서 건성으로 듣는 것, 심지어 "아, 좀 조용히 해봐", "이따가 말해!" 하는 식으로 말을 가로막기까지 하는 것은 주변에서 흔히 볼 수 있는 배우자 경청의 예들이다. 낮은 수준의 경청에 '배우자 경청'이란 표현이 붙은 것을 보면 우리가 가장 가까운 사람의 말을 얼마나 안 듣는지 아이러니를 느끼게 된다.

'수동적 경청'이란 말도 있다. 배우자 경청과 달리 상대의 말을 가로막지는 않지만 말하는 사람에게 별로 주의도 기울이지 않고 공감도 없이 그저 상대가 말하도록 내버려두는 경청이다. 이 경우에 말하는 사람은 주제에 집중을 못하고 산만해지며, 말하면서 새로운 아이디어를 창조해내는 단계로 나아가기가 어렵다.

'적극적 경청'은 수동적 경청보다 한 단계 더 나아간 것이다. 말하는 사람에게 주의를 기울이고 공감해주는 경청이다. 듣는 사람은 상대방과 눈을 맞추고 고개를 끄덕이며 "저런! 그래서 어떻게 되었는데요?", "더 말해주세요" 하는 추임새를 넣으면서 듣는다. 이렇게 적극적으로 경청해주면 말하는 사람은 신이 나고 더 많은 아이디어를 얘기하게 되며 상대방이 자신을 존중해주고 있다는 느낌을 받게 된다.

적극적 경청보다 더 깊이 듣는 것이 '맥락적 경청'이다. 맥락적 경청이란 말 그 자체가 아니라 그 말이 어떤 맥락에서 나온 것인가, 즉 말하는 사람이 그 말을 하게 된 의도, 감정, 배경까지 헤아리면서 듣는 것을 말한다.

맥락적 경청이 왜 필요할까? 같은 말을 하더라도 그 말에 담긴 진짜 메시지는 아주 다를 수 있기 때문이다. 예를 들어 어느 직원이 팀장으로 승진을 했다고 하자. 상사가 면담을 하면서 축하해주었더니 이 직원은 이렇게 말한다.

"팀장이 되니 어깨가 무겁네요. 열심히 해서 성과를 내보겠습니다."

말 자체는 팀장으로서 책임감을 느끼고 있다는 것, 성과를 내기 위해 열심히 일하겠다는 내용이지만, 그 사람이 열정 혹은 두려움 등 어떤 감정을 갖고 있는지는 말 자체의 텍스트만으로는 알 수가 없다.

그가 눈을 반짝거리면서 열정을 느끼게 하는 어조와 억양으로 말하고 표정에서도 '잘하고 싶다'는 것을 드러내고 있다면, 그는 정말 이번 승진으로 인정받은 것을 좋아하고 있고 열심히 하려는 의욕을 보여주는 것이라고 할 수 있다. 여기서 그가 진짜 하는 말은 이런 것일 수 있다.

"팀장으로 승진되니 제가 인정받은 것 같아서 기분 좋습니다. 저 스스로도 자랑스럽고요. 앞으로 열심히 해서 뭔가 보여주겠습니다. 저는 능력이 있는 사람이니까요."

같은 말로 정반대의 감정이 표출되기도 한다. 똑같은 말을 하면서도 표정이 어둡고 말에 힘이 없다면 속으로 부담감을 갖고 있다는 뜻이다. 사실 그렇게 말하는 사람의 내면에서는 이런 말을 하고 있을 수도 있다.

"팀장으로 승진된 것은 좋지만 일이 너무 많아지지 않을까 걱정이 됩니다. 지금도 아이들을 돌볼 시간이 부족해서 힘들고 늘 피곤한데 제가 잘 감당할 수 있을지 솔직히 두려운 느낌이네요. 게다가 저에게 계속 성과를 채근할까 봐 부담이 됩니다. 그러니 어깨가 무겁지요. 마냥 좋기만 한 것은 아닙니다."

　맥락적으로 듣는다는 것은 이런 속내까지 듣는다는 뜻이다. 맥락적으로 들으려면 단순히 수동적으로 듣기만 해서는 안 된다. 중간중간 상대방의 이야기를 확인하고 표정과 태도를 살펴야 한다. 필요한 경우 적절한 질문을 해가며 들어야 한다.

　커뮤니케이션 학자들에 따르면 우리가 하는 말은 정말 전하고자 하는 메시지의 단지 7퍼센트만을 운반할 뿐이라고 한다. 나머지 93퍼센트의 의미는 그의 음성과 어조, 표정, 제스처 등에 실려 전달된다. 그러니 그 사람이 하는 말만을 피상적으로 듣는 것은 그야말로 거대한 빙산 전체를 헤아리지 못하고 수면 위에 드러난 빙산의 일각만을 보는 것과 같은 것이다.

　이메일로만 의사소통하는 것이 왜 위험한 것인지 이 이론을 통해 알 수 있다. 겨우 7퍼센트에 의존해서 교류하는 것이기 때문이다.

맥락적 경청을
내 것으로 만드는 5가지 비결

고1인 딸이 일요일에 미용실에 다녀오더니 울상을 지으며 말했다.
"엄마, 어떡해! 머리를 너무 이상하게 잘랐어!… 이 꼴로 어떻게 나가! 나 내일 학교 안 갈래!"

이때 부모가 "야, 고1이 지금 머리에 신경 쓸 때냐? 학교에 패션쇼하러 가니? 공부에나 좀 집중해!"라고 반응을 한다면 어떨까? 이것이야말로 딸이 하는 말 그 자체만 가지고 즉자적으로 반응하는 것이다. 말은 빙산의 일각일 뿐이라는 사실을 망각한 행동이다. 전달하고자 하는 메시지를 부분적으로밖에 전달하지 못하는, 수면 밖으로 튀어나온 부분에 대해서 대응하다 보면 경청은 되지 않고 대화는 피상적으로 흐르고 만다.

딸의 불평 아래쪽에는 어떤 감정과 의도가 들어 있을까? 그렇게 말하는 딸의 진짜 욕구는 무엇일까? 이것을 생각해보지 않고 그대로 대응하면 대화가 이루어질 리 없다. 딸의 속마음에는 속상함, 부모로부터 공감받고 싶은 마음, 친구들에게 인정받고 싶은 마음, 멋진 자아상에 대한 욕구 등이 녹아 있을 것이다. 사실 이런 인정 욕구는 사람을 나아지게 만드는 매우 건강하고 바람직한 것이 아닌가.

부모가 맥락적 경청을 통해 숨은 욕구까지 파악하게 되면 대화가 어떻게 달라질 수 있을까?

"머리가 보기 싫게 되어 속상한 거로구나. 친구들에게 이상하게 보일까 봐 학교에도 가기 싫을 테지"라면서 먼저 딸이 느끼는 속상함을 읽어주고 공감해준다. 이렇게 자기 감정을 읽어주고 공감을 받으면 딸은 속상한 마음을 풀고 생각해보는 여유를 갖게 된다.

"네, 그래요. 조금만 이상해도 애들이 많이 놀리거든요. 이 꼴로 어떻게 학교 가지?"

"그래… 네가 걱정하는 게 뭔지 알겠구나. 어떻게 하면 좋을까?"

"뭐, 할 수 없죠. 놀리는 거야 며칠 지나면 가라앉을 거구요. 하지만 그 미장원은 다시는 가지 말아야지. 이렇게 잘라놓다니, 아까는 거기서 진짜 울 뻔했다니까요!"

이렇게 잘 들어주고 호응만 해주어도 딸은 감정을 풀어놓게 되고 그 과정에서 스스로 마음을 정리할 수 있게 된다. 사람들은 상대가 내 욕구를 알아주고 공감해줄 때 비로소 그에게 마음을 열고 스스로 방법을 찾아가는 법이다.

그렇다면 맥락적 경청이 몸에 배게 하려면 어떻게 해야 할까?

첫째, 말하는 사람에게 주의를 집중하자. 다른 일을 하면서 건성으로 듣거나 걸려오는 전화를 받는 등 산만해서는 안 된다. 말하는 사람에게 눈을 맞추고 끄덕거리거나 적절한 반응을 보이며 '듣고 있다'는 표시를 해주자. 대화 도중에 전화가 오면 나중에 걸겠다고 하고 우선 끊는다. 말하는 사람은 자기가 존중받고 있다고 느껴 자신이 하는 말에 더 가치를 두게 된다.

만약 상대방의 말을 들을 수 있는 시간적 여유가 없을 때는 차라리 '나중에 보자'고 잠시 대화 자체를 미루는 것이 낫다. 직원이 들어와서 이야기를 하는데 건성으로 답하면서 눈길을 계속 서류에 두고 있거나 컴퓨터 자판을 두드리는 것은 상대를 혼란에 빠뜨린다.

둘째, 섣부른 판단을 하지 말고 끝까지 듣자. 보통은 듣는 도중에 거의 자동적으로 '옳다', '그르다' 혹은 '이렇게 하면 될 텐데…' 하는 생각이 떠올라 중간에 말을 끊거나 가로채서 자기 생각을 불쑥 말하게 된다. 그러나 들을 때는 끝까지 듣는 데 중점을 두어야 한다. 다 듣고 나서 내 생각을 말해도 늦지 않다. 오히려 끝까지 듣고 나야만 정말로 상대방에게 도움이 되는 내 생각을 전할 수 있다. 판단과 예단을 하면서 듣다 보면 너무나 쉽게 인내심을 잃게 된다.

셋째, 듣는 도중에 어떻게 반응할까를 생각하지 말자. 상대방의 말은 그 자체로 생각이 풀려나가는 길과 같은 것이다. 거기에 '내가 어떻게 반응해야 적절할까'를 생각하며 듣게 되면 정작 들어야 할 모든 것을 들을 수가 없다. 내 생각의 초점이 상대방이 아닌 나를 향하고 있기 때문이다. 실제로 상대방의 말에 반응하는 것은 말이 모두 끝난 다음에 정말 1, 2초 사이에 정해도 전혀 늦지 않다. 오히려 상대방에게 스페이스를 허용하여 더 자유로운 의사소통이 가능하게 된다.

넷째, 내가 제대로 이해하고 있는지 간단하게 요약하여 확인하는 것도 좋은 방법이다. 이것을 '패러프레이징paraphrasing'이라고 한다. 예를 들어 직원이 새로 출발한 프로젝트팀의 구성과 업무에 대해서 길게 이야기를 하고 있다고 하자. 그러면 듣고 있다가 "지금 프로젝트팀이 성과를 빠르게 내려면 팀워크가 필요하다는 거군요", "프로젝트팀이 늦게 구성되었기 때문에 마감시한이 촉박하다고 느끼고 있다는 것이지요?"라는 식으로 상대의 말을 요약해서 되돌려주는 것이다.

다섯째, 상대방이 말한 것과 관련된 적절한 질문을 하며 듣는다. 예를 들어 직원이 "이사님, 신입사원들을 훈련시키는 일이 생각보다 쉽지 않네요. 일단 문화가 너무 개인주의적이랄까요. 저희하고는 정말 많이 다른 것 같습니다. 몇 사람 되지 않는데도 의견이 분분하고 예전처럼 회사방침이라는 한마디에 수긍하는 것이 아니라, 왜 그러냐고 대놓고 물어볼 때는 불쾌하기까지 합니다"라고 했을 때 상사는 "음… 신입사원들이 개인주의적이라서 훈련이 어렵다고 생각한다는 거지? 개인주의적이라는 것은 어떤 걸 말하는가?"라거나 "수고가 많군. 신입직원들이 예전과 다르다는 걸 느낄 때 어떤 생각이 드나?"라는 식으로 질문을 하면 말하는 사람은 자기 생각을 더 확장하여 명확하게 말하게 된다.

이렇게 맥락적으로 경청을 잘해주면 특별히 내가 말을 많이 하지 않더라도 말하는 사람은 '속에 있는 얘기를 다 해서 시원하다', '나도 생각 못했던 것을 발견할 수 있었다', '말하면서 나 스스로 정리가 되었다'는 긍정적인 피드백을 하게 된다.

경청해야 하는데
자꾸 다른 생각이 날 때

자꾸 다른 생각이 떠올라 상대방 얘기에 집중하기 어려울 때가 있다. 들으면서 잠깐씩 딴생각에 빠지거나, 하고 싶은 말이 문득문득 떠올라 자기가 할 말에만 골몰하게 된다. 그렇게 되면 상대방 얘기를 선택적으로 듣게 되고 전체 맥락을 파악하지 못한다. 중요한 대목을 놓쳐버리기도 한다.

이럴 땐 어떻게 해야 할까? 경청하기 위한 훈련방법에는 어떤 것들이 있을까? 코치들이 잘 쓰는 방법을 사용해보면 어떨까? 어느 코치의 경험담이다.

우선 자기 안에서 말을 거는 존재에게 이름을 붙여주었다. 예를 들어, '영희'라는 이름을 붙였다고 하자. 듣다가 자기도 모르게 내부에서 떠드는 영희의 목소리를 들었을 때, 속으로 가만히 이렇게 얘기한다.

"영희야, 지금 네가 나올 때가 아니거든? 나중에 얘기하자."

우스운 방법 같지만 상당한 효과가 있었다고 한다. 우리는 흔히 처음에는, 자신이 듣지 않고 딴생각을 하고 있다는 것조차 의식하지 못한다. 그러므로 일단 이것을 의식한다는 것은 경청으로 가는 좋은 진전이다. 게다가 내부의 목소리를 잠재우는 자기만의 의식을 갖는다면 훈련으로 충분히 줄일 수 있다. 훈련을 통해서 의식적으로 자기 목소리를 줄일수록 내부의 목소리는 점점 줄어들고 상대방의 얘기에 집중할 수 있게 된다.

어떤 경우에는 잠깐 다른 생각을 하느라 대화의 알맹이를 놓쳐버려서 난감한 경우가 있다. 다시 물어보기도 참 민망하다. 어떻게 하는 것이 좋을까?

가장 좋지 않은 것은 상대방의 얘기를 추측해버리는 것이다. 추측은 위험하다. 잘못 추측해서 대화를 전개하면 서로의 정서적 연결이 끊어져버린다. 말한 사람에게 실망을 주기도 한다. '역시, 내 말을 듣는 체했을 뿐, 정말 듣지는 않았군.'

이럴 때는 정중하게 다시 물어보자.

"잠깐 얘기를 놓친 것 같은데, 다시 말씀해주시겠어요?"

상대방은 이를 큰 실례로 여기기보다는 자기가 한 말이 귀하게 대접받는다고 느끼며 훨씬 명료하게 얘기하려고 노력하게 될 것이다.

요즘 젊은 직원들은
잘해줘도 소용없다?

어느 경영자의 경험담이다.

　직원들의 능력을 개발하는 것이 회사의 장기적 발전에 중요할 것이라고 생각하여 큰마음 먹고 적지 않은 비용을 들여가며 직원들 여럿을 해외연수에 함께 데리고 갔다. 조금이라도 더 보고 배울 기회를 제공하려는 선의에서 전에 없던 좋은 기회를 준 것이다.
　사실 직접적인 비용만이 아니라 해외연수 중에 근무를 못하는 것으로 인한 손실 등을 생각하면 상당한 투자인 셈이었다. 그런 만큼 직원들도 그 기회를 최대한 활용하여 많이 배우고 많은 아이디어를 가지고 왔으면 하고 바랐다.

그런데 막상 현지에 가서 직원들과 함께 지내면서 보니 직원들의 반응은 경영자의 기대와 영 딴판이었다. 우선 이런 기회를 준 것에 대해 크게 감사해하는 것 같지가 않았다. 각종 전시회나 세미나에 참가하는 태도도 경영자가 보기에는 성의가 없었다. 그냥 직원들끼리 몰려다니며 비효율적으로 시간을 보내는 것 같았다. 게다가 눈살을 찌푸리게 할 정도로 서로를 배려하지 못하는 언행을 일삼는 경우도 있었다. 그래도 사기를 생각해서 바로 질책은 하지 않았고 가능한 한 좋은 말로 알아듣게 이야기했다.

연수 후에 돌아와서는 '이러저런 사항을 준비했으면 더 좋았을 것'이라는 등 정성 어린 피드백을 몇 페이지로 작성하여 참가했던 직원들에게 이메일로 보냈다.

경영자가 정말로 화가 난 것은 그 메일에 대한 직원들의 반응 때문이었다. 이메일을 받은 직원들이 고마워하거나 앞으로 어떻게 개선하겠다는 반응을 보이기는커녕 절반 이상의 직원이 아예 회신조차 하지 않았다.

그 말을 듣던 작은 기업의 경영자가 말을 이었다.

"젊은 애들에게 잘해주려고 노력할 필요 없어요. 나는 진작 직원들 비위 맞추는 걸 포기했습니다. 밥 사주고 술 사주는 거요? 아무 효과도 없고 고마워하지도 않습디다. 괜히 겉도는 분위기에서 밥 먹느라 체할 지경이죠. 가만히 보니까 사장이 좋아서 사는 밥이고 자기들이 먹어준다는 것 같아서 다 그만두었죠."

"맞아요. 괜히 젊은 직원들과 어울리려고 노력해봐야 시간낭비에 돈낭비, 에너지낭비예요. 효과가 그때 잠깐밖에 없지요."

다른 사람들도 이에 질세라 한마디씩 거들었다.

이렇게 말하는 경영자들의 냉정한 결심에는 직원들에게 크게 상처 입은 자존심, 안쓰러운 자기 방어 등이 배어 있었다.

자동차 판매장은 보통 널찍한 매장에 밖에서도 훤히 안을 들여다볼 수 있도록 전면을 투명유리로 처리한다. 그런데 미국 출장을 갔다가 전혀 다른 개념의 자동차 판매장 이야기를 들었다. 이 판매장은 밖에서는 볼 수 없는 대신 매장 내부의 사방을 온통 거울로 만들었다. 심지어 천장까지도 거울이다.

이 매장에 온 고객은 멋진 차를 보는 데 그치지 않고 그 멋진 차를 탄 자기의 모습을 모든 각도에서 보게 되는 것이다. 정면으로는 '흠, 멋지군' 하고 자기 모습에 만족한다. 옆 거울을 볼 때는 '음, 내가 나갈 때 이웃집 사람은 이런 내 모습을 볼 거야' 하고, 뒷거울로는 뒤차 운전자에게 비칠 자기 모습을 그려본다. 천장에서는? '하느님이 내려다보시지 않겠는가? 이런 내 모습을…!'

오, 아주 재미있는 생각이었다. 그냥 차 자체가 멋지다는 것과 그 차에 탄 내 모습을 멋지게 느껴보는 것은 전혀 다른 정서적 체험을 가져다준다. 멋진 차를 탄 멋진 자신의 이미지는 차라는 사물을 정서적으로 받아들이게 하기 때문이다. 그래서 세일즈를 잘하려면 고객을 '정서적으로 개입시키는 것'이 중요하다. 제품 자체보다 그것에 대한 정서적 체험이 훨씬 고객에게 호소력이 있다는 것이다.

젊은 직원들과 통하지 못하는 것도 정서적 연결의 문제일지 모른다. 사람들은 아무리 훌륭한 인간이 있더라도 자기와 상관없으면 큰 의미를 못 느낀다. 아무리 좋은 내용이라도 그들의 정서에 호소하지 못하면 큰 영향을 끼치지 못한다. 사장이 드라마틱한 인간 승리의 주역이라고 해도 자신에게 와닿는 것이 없다면 직원 입장에서는 "그래서 어떻다고?"일 뿐이다.

젊은이들의 자세가 옳은지, 그른지를 따지기에 앞서 더 중요한 것은 이것이 아닐까? 해외연수도 그들에게 어떤 의미가 있는지를 연결시켜 준다면 일방적으로 자신에게 주어진 혜택에 수동적으로 반응하는 것보다 더 나았을지 모른다. 직원들 스스로 의미를 생각하고 계획을 세워 준비하도록 하고, 참여하고 나서 어떻게 현업에 보탬이 되도록 할 것인지 스스로 평가하게 한 뒤에 경영자가 지원을 해도 좋지 않았을까?

직원들을 판단이나 교정의 대상이 아니라 이해의 대상으로 바라보아야 한다. 그들과 통하고 싶다면 정말 '정서적'으로 통해볼 일이다.

상사는 과연
부하직원보다 현명할까?

　상사와 부하직원이 서로의 입장이 다르다는 것을 가장 실감하게 되는 자리가 성과평가나 연봉협상을 위한 면담이 아닐까. 지난 몇 년간 분기마다 직원의 성과를 평가하는 면담을 정기적으로 해왔는데 그 과정을 통해 몇 가지 교훈을 얻을 수 있었다.

　지난 분기에 그 직원이 어떤 업적을 내었는지, 연말까지 성과를 달성하기 위해 앞으로 어떤 노력을 해야 하는지가 성과평가 면담의 주요 이슈다. 보통 일대일 방식으로 직원 한 사람당 한 시간 가량 시간이 걸리는 이 면담을 하기 위해서 예전의 나는 여러 가지 것을 준비했다. 그 사람의 최근 성과, 평소에 느꼈던 업무의 개선점이나 그 직원에 대한 메모 등등.

보통 일대일 면담은 긴장이 높기 마련이라서 심각하고 진지한 분위기에서 이루어지고 심지어 면담 도중에 울먹이는 직원이 있을 정도다. 그때 나는 상사로서 정말 최선을 다했던 것 같다. 나의 경험과 지혜를 총동원하여 업무를 잘할 수 있는 좋은 방법과 자세를 충고해주었다. 한 시간이 짧게 느껴질 정도로 열과 성을 다해 임했고, 그 자리에서 내가 하는 말은 정말 피가 되고 살이 되었을 것이라고 자부했다.

그런데 종종 실망스러운 것은 면담 이후였다. 면담에 임할 때 직원은 '분기 평가서 초안'을 가지고 면담하고 면담 후에는 '최종평가서'를 제출하는데 그 내용이 실망스러웠던 것이다. 근 한 시간 동안 내가 그렇게 목이 아프게 떠들었는데 최종보고서를 받아보면 초안에서 추가된 것은 단 두세 줄에 불과했다.

'저 친구가 말을 못 알아듣나, 센스가 부족한가? 아님 표현력이 모자란가…?'

기분이 썩 좋지 않았다. 그 과정이 뭐가 문제였는지를 내가 깨닫게 된 것은 면담방식을 크게 바꾼 뒤였다. 달라진 다음에야 그 이전의 문제점이 보이는 법이다. 이제는 내가 생각하는 문제점과 개선점을 말해주는 자리가 아니라 그 직원이 생각하는 문제와 개선점을 들어보는 자리로 만들자고 마음먹었다.

우선 평가서 초안을 놓고 그 내용을 나에게 설명해주도록 요청했다. 적으면 4~5가지, 많으면 10가지 이상의 업적을 나열해가며 그 직원이 말하는 동안 나는 말을 가로막거나 하고 싶은 말을 하지 않았다. 그가 말하는 의미나 배경을 더 깊게 이해하려고 노력하며 충분히 경청을 해 보았다. 그러고 나서 나는 그에게 질문을 던졌다.

"지난 분기 많은 노력을 했군요. 가장 중요한 성과는 무엇이라고 생각합니까?"

이 질문은 직원이 생각하도록 만드는 것 같았다. '가장 중요한 성과라…?' 처음에 나열적이었던 설명은 핵심적인 한두 가지로 요약되고, 그것도 완벽한 성과는 아니기 때문에 취약점이나 한계도 스스로 설명을 하게 되었다. 이 단계에서 내가 깨달은 것은 내가 그토록 열을 내며 이야기하고 싶었던 것의 70~80퍼센트가 직원 스스로의 입에서 나온다는 사실이었다. 이 과정에서 학습해야 할 사람은 오히려 상사다.

다시 질문을 했다.

"다음 분기에 가장 개선해야 할, 혹은 역점을 두고 싶은 점은 어떤 것입니까?"

이 질문에 대한 답은 직원이 얼마나 자기 업무에 대해 깊은 생각을 하고 있는지, 그의 책임성 수준이 어떤지를 잘 드러내준다. 정말 중요한 것은 그 다음이다. 상사가 정말 해야 할 중요한 일은 '어떤 면을 개선하겠다'는 선에서 그치게 놓아두지 말고 그것을 구체적인 실행계획으로 만들어내도록 가이드하는 것이다.

"그럼 당장 내일부터 구체적으로 무엇을 하겠는가? 언제까지? 그 일이 진척되는 것을 언제 만나서 함께 점검하겠는가?"

이런 식으로 진전시킨다. 이것은 상사의 높은 관심을 뜻하며 책임을 함께 지는 것을 의미한다. 나중에 성과가 나왔을 때는 진정으로 함께 축하할 수 있는 토대가 된다.

개인적으로 이 과정은 나에게 대단한 전환을 가져왔다. 그 전에는 당연히 직원보다는 내가 더 지혜롭고 더 현명한 결정을 내릴 것이라고만 생각해왔다. 그런데 코칭 접근법을 사용해보니 종종 직원들이 생각해낸 해결책이 더 낫거나 혹은 그들에게 더 잘 맞았다. 내가 생각하는 최선책이 과연 그에게도 최선책이라고 할 수 있는가? 아닐지도 모른다.

게다가 자신이 생각해낸 해결책을 실행하기 위해 노력하는 것은 상사의 지시사항을 이행하는 것에 비해 몇 배나 더 신바람나는 일이다. 어떻게 할 때 그가 일에 더 에너지를 쏟고 성과를 높이기 위해 분투할지는 자명하지 않은가. 질문을 받은 직원은 생각을 하게 되고 이것을 정리하여 말하려고 애쓰며, 자신이 말한 것에 대해 헌신할 정서적 토대를 갖게 된다. 이 중요한 변화의 모멘텀을 상사가 가로채선 안 된다.

우리는 자신의 문제를 누구보다 잘 알고 있다. 그것을 해결할 가능성도 분명히 우리 안에 있다. 그렇기 때문에 평가면담 자리에서 직원이 집중하여 문제를 들여다보고 대안을 개발할 수 있도록 들어주고 질문해주는 코치로서의 역할이 중요해지는 것이다.

듣기 먼저,
판단은 나중에

    조직에도 늘 만남과 헤어짐이 있다. 일단 만나서 함께 일하기 시작하면 식구보다도 더 많은 시간을 보내게 되고, 서로의 성품과 장단점에서 영향을 받고, 승리와 패배를 함께 맛보는 한 팀이 된다. 서로의 관계가 삶의 질에까지 영향을 미칠 정도로 밀접해지고 상호 의존이 생겨난다. 가까이 일하던 직원이 나갈 때 쿨하게 굿바이할 수 있는 상사가 많지 많은 것도 어찌 보면 당연한 일이다.

    몇 년 전 일이다. 한 중견직원이 갑자기 그만두겠다고 했다. 그것도 최고 성수기에, 대체할 인력도 없는데. 나는 '누구보다 사정을 잘 알면서 이럴 수가 있나' 하는 섭섭함이 앞섰다. 그가 크고 작은 실수를 할 때는 내가 커버해주고 이만큼 크도록 참아주었는데…. 뒤통수를 얻어맞은 듯한 배신감에 괘씸하다는 생각밖에 없었다. 그렇다고 억지로 잡아둘 수도 없고 어찌나 마음고생이 되었는지 피부병까지 얻었다. 그 뒤에도 그를 떠올리면 마음이 개운치 않았다. 이렇게 앙금이 남는 걸 보면 쿨하게 굿바이하는 데 실패한 거다.

이번엔 한 직원이 이메일을 보내왔다.

"따로 드릴 말씀이 있습니다. 언제 시간이 괜찮으십니까?"

그러나 읽는 사람은 마음이 철렁 내려앉는다. 나의 경험은 이것이 십중팔구 회사를 그만두겠다는 사인이라고 말해준다. 만났더니 그는 고민을 털어놓는다.

요즘 왠지 모르게 일이 힘들고 짜증이 난다, 비전이 없는 것 같다, 다른 사람들에게 자기가 무슨 일을 하는 사람으로 비치는지 모르겠다, 내가 하는 일이 정체성이 불분명하다, 몸도 안 좋다 등등. 하소연이 한동안 이어지더니 결국 아무래도 회사를 그만두고 쉬어야 하지 않을까 고민스럽다는 말로 끝을 맺는다. 일은 예감대로 돌아간다.

마음속에서는 순간 요동이 일어났다. '도대체 정체성이 뭐가 불분명한가. 뚜렷한 역할이 있는데. 그리고 비전을 남이 주나? 스스로가 고민하고 찾아나가는 거지. 그건 그렇고 아무리 신세대 직원이기로 어떻게 상사에게 왠지 짜증난다는 말을 하느냔 말이다. 짜증나는 것까지 내가 어떻게 해결해줘!'

그러나 나는 애써 마음을 차분히 가라앉히고 좀 더 경청해보려고 노력했다. 어쨌든 그는 힘들어하고 있고 무언가를 나에게 전달해주고 있지 않은가. 지레짐작으로 섣불리 판단하거나 성급하게 떠오르는 해결책으로 대응하는 대신 공감해주면서 들으려고 했다.

다 듣고 나니 자연스럽게 질문을 하게 되었다.

"지금 정체성이 불분명하다고 했는데, 그럼 자네가 보기에 정체성이 분명하게 일하는 사람은 어떤 사람을 말하는 건가?"

그랬더니 뜻밖의 대답이 돌아온다.

"그야, 중요한 업무에 집중하고 성과를 내는 사람이죠. 영업부의 A 차장님처럼요."

"자네는 어떤데?"

"저야 당장 아르바이트생을 뽑아서 시켜도 될 만한 업무를 몇 가지나 하면서 시간을 다 뺏기고 있지 않습니까?"

오호, 모호했던 안개가 걷히는 것 같다. 사실은 저 수면 아래 빙산에는 중요한 일을 하려는 욕구, 기여하고 인정받으려는 욕구가 있지 않은가. 얼마나 건강한 생각인가. 물론 한편 걱정도 되었다. 당장 그 부서에 사람을 더 채용할 형편이 아니었던 것이다. 그러나 잘 이해했으니 당분간만 참고 지내라는 식의 답변을 하는 대신, 코치가 되어 좀 더 물어보기로 했다.

"음… 그렇군. 더 중요한 일을 해야 할 텐데 말야…. 그 문제는 우리가 어떻게 해결하면 좋을까?"

"사실 지금은 우리 부서에서 그 일을 할 사람이 저밖에 없다는 거 저도 압니다. 하지만 연말에는 계약직 인원을 충원하니까, 그때는 새 사람에게 시키면 좋겠습니다."

내심 놀랐다. '이렇게 현명한 대답이 나오는구나.'

"그건 내가 꼭 약속하지. 그럼 자네 여기서 좀 더 비전 있게 일하려면 어떻게 하면 좋을까?"

결국 이야기는 그 직원이 다음 해에는 영업부 A차장 밑에서 본격적으로 영업을 배울 수 있게 좀 더 높은 수준의 업무를 주는 것으로 결론을 맺었다.

'내가 거기서 섣부른 가정으로 이런저런 충고와 훈계를 늘어놓았으면 대화가 어땠을까?' 하고 나중에 생각해봤다. 그에 대한 나의 부정적인 감정이 당연히 드러났을 것이다. 아마 대화는 피상적이 되었을 것이고 온갖 좋은 이야기, 이른바 동기부여되는 말씀을 늘어놓았더라도 직원은 그것을 자기 것으로 취하지 못했을 것이다. 생산적인 결론이 나지 않았다면 그는 회사를 정말 그만둘 수도 있었다.

물론 떠나는 인재를 다 붙잡는 것은 어려운 일이다. 그러나 중요한 것은 그들이 왜 떠나려 하는지, 정말 중요한 고민이 무엇인지를 들어주는 것이다. 그러려면 내 마음속의 판단, 가정, 해결책을 일단 내려놓아야 한다. 직장을 그만두려는 사람들은 나름대로 고민 중이다. 무엇이 기준이냐에 따라서 그 자신에게도 결론은 유동적인 것이다. 경청, 경청, 경청! 상사로서 코치로서 갖춰야 할 가장 기본적인 미덕이 경청인 이유가 여기에 있다. 그러고 보니 몇 년 전 내 피부병을 도지게 했던 그 직원과 이야기할 때 나는 괘씸하다는 감정을 끝까지 내려놓지 못했던 것 같다. 그러니까 그의 진짜 고민이 나에게 공감되지 못했고 그 당연한 귀결로 쿨하게 놓아주지도, 강력하게 붙잡지도 못했던 것이다.

핵심이 없는 말을
장황하게 늘어놓을 때

    코칭을 위해 이야기를 듣다 보면 장황하게 배경설명을 계속하는 사람도 있다. 주변상황 이야기, 관련된 사람들 이야기 등…. 이렇게 끝없이 이어지면 뭔가 전환이 필요하다고 느끼게 되는데 이럴 때는 어떻게 하면 좋을까?

    첫번째 원칙은 충분히 말할 수 있도록 허용하는 것이다. 물론 인내심이 필요하다. 하지만 사람들이 그렇게 얘기하는 것은 그럴 필요가 있기 때문이다. 듣기에 따라 장황하게 느껴지더라도 말하는 사람은 그를 통해 느낌을 표현하게 되고 표현을 함으로써 발산하며 그 과정에서 욕구를 충족시킨다. 말하는 과정을 통해서 스스로 생각을 정리하고 새로운 아이디어를 만들어냄으로써 문제를 상당 부분 해결하기까지 한다.

    그래도 너무 얘기가 장황하게 반복되고 있다고 느껴지면 들은 것을 요약해주는 과정을 생략하고 막 바로 다음 단계로 나아갈 수 있도록 질문을 던지는 것도 좋은 방법이다. 들은 것을 요약하는 패러프레이징을 해주더라도 처음부터 얘기를 다시 시작하는 경우가 많기 때문이다. 그 대신 바로 앞으로 나아가는 질문을 해보자. 예를 들어 "그것에 대해 어떻게 하고 싶으세요?", "그렇게 문제가 있다면 지금 취할 수 있는 방법은 어떤 게 있을까요?" 하는 식으로 다음 차원으로 넘어가도록 이끄는 것이다.

 이때 질문을 하는 사람의 분위기가 매우 중요하다. 짧게 침묵을 취하고 중요한 곳으로 나아간다는 기분으로 마음을 가라앉힌 다음 차분하게 질문을 한다. 말하는 사람은 코치가 어떤 분위기에 있는지에 따라 민감하게 영향을 받는다. 코치의 모든 면모는 듣는 사람의 기분과 행동에까지 영향을 미친다. 상대가 산만하다고 느낄수록 듣고 질문하는 자세를 차분하게 할 필요가 있다. 알게 모르게 코치의 분위기는 코칭 받는 사람이 다른 사람을 대하는 자세에도 변화를 가져오는 경우가 많다.

Chapter 2

새로운 시각 열어주는
강력한 질문

형 없이도 가족들이 잘살 수 있을까요?

상사나 부모들이 흔히 하는 착각 중의 하나가 '내가 올바른 방법을 알려주었으니 (직원이나 자녀가) 그대로 할 것이다'라고 생각하는 것이다. "고객에게 친절하게 대해야 하는 이유를 열심히 교육했으니까 그대로 하겠지"라고 상사는 생각한다.

하지만 현장에서 일하는 고객접점 직원들에게는 '고객에게 친절해야 한다'는 한 가지 모토만 가지고는 결코 해결할 수 없는 미묘한 상황이 번번이 발생하고야 만다.

'아무리 힘들어도 참고 공부해야 미래가 밝다는 것을 그렇게나 열성적으로 말해주었으니 이제는 인내하며 공부에 집중하겠지'라고 부모가 생각하는 사이에 아이들은 또 게임의 유혹에 빠지고 나름대로 중요한 친구와 우정을 쌓는 행동에 나선다.

올바른 정보를 제공하는 것만으로는 사람의 행동을 바꾸지 못한다는 하나의 극단적인 예가 담뱃갑에 새겨진 경고문구가 아닐까. 거기에는 '지나친 흡연은 폐암의 원인이 되고 건강에 해롭다'는 요지의 말이 선명하게 인쇄되어 있지만, 과연 그 글귀를 보고 담배를 끊는 사람이 몇 명이나 될까. 핵심은 정보 그 자체가 아니라 그 정보가 자신에게 어떤 의미가 있는지를 연결해주는 일이며, 이 정보를 자신의 행동에 적용시키도록 만들어주는 것이다.

질문은 그런 점에서 정보나 교훈을 자신의 삶 속에 연결되도록 하는 좋은 방법이다. 자녀에게 무조건 공부를 잘해야 한다고 훈계하는 것보다는 "나중에 어떤 사람이 되고 싶니?", "무엇을 갖고 싶고 무엇을 하고 싶니?", "미래에 그렇게 되기 위해 지금 무엇을 해야 할까?"라고 질문하는 것이 훨씬 효과적이라는 것이다.

사람은 누구나 남이 시키는 대로 하기보다는 스스로 생각하기를 좋아하며 자신의 생각과 말에 가장 강력하게 설득된다. 그렇기 때문에 상사나 부모가 해주고 싶었던 말을 질문을 통해서 스스로 답하게 한다면 코칭의 효과도 아주 높아진다.

담배가 몸에 나쁘다는 것은 귀에 못이 박히도록 들어서 잘 알지만 끊지 않고 있다가 후배의 애정 어린 질문 하나 때문에 하루아침에 끊었다는 임원이 있었다. 함께 술을 마시는 자리에서 연신 담배를 피워대는 자신을 보고 후배가 이렇게 물어보더라는 것이다.

"형, 형 없이도 형수랑 아이들이 잘살 수 있어요?"

그 자리에서는 이 질문에 즉답을 못하였고 그냥 웃어넘겨버렸다. 그런데 밤늦게 귀가해서 잠든 아내와 아이들의 모습을 보자 생각을 하게 되더라는 것이다.

'아, 내가 없다면 이 세상에 너무 무력한 존재구나.'

이날 느낀 사랑하는 가족의 무력한 모습은 다음 날부터 수십 년 피워오던 담배를 바로 끊을 수 있게 만들었다고 한다.

질문은 생각을 자극하고 스스로 답을 찾도록 촉구한다. 그런 면에서 질문은 사람을 성장시킬 수 있는 아주 좋은 스킬이다. 이미 16세기에 갈릴레오는 이런 말을 했다.

"우리가 다른 사람에게 무언가를 가르치는 것은 불가능하다. 다만 그 사람이 스스로 찾을 수 있도록 도울 수 있을 뿐이다."

상대방의 내면에서 뭔가를 이끌어내기 위해서 우리는 질문을 해야 한다. 그래서 볼테르는 이런 말을 했다.

"사람은 대답하는 능력이 아닌 질문하는 능력으로 판단할 수 있다."

상대방이 어떻게 생각하는지를 질문한다는 것은 그 자체가 강력한 존중의 표시이기도 하다. 나에게 귀기울이려고 질문하는 사람에게 어느 누가 마음을 열지 않겠는가.

서비스업종의 관리자라면 직원들에게 고객을 친절하게 모시라고 일방적으로 훈계하는 대신 질문을 하고 그들의 의견을 경청해보자.

"어떻게 하면 단골고객을 늘릴 수 있을까?"

"우리가 개선할 점이 뭐가 있을까?"

여기에는 '당신은 고객을 대하는 데 문제가 있어!'라는 판단이 들어가 있지 않다. 오히려 직원도 '회사가 잘되기를 바라고 기꺼이 필요한 생각과 행동을 하는 사람'이라는 생각이 전제되어 있다.

당신이 직원이라면 어떻겠는가? 약간의 문제가 있다고 해도(세상에 완벽한 사람이 어디 있는가!) 그 문제를 끄집어내어 혼내고 훈계하며 사람 자체를 교정하려 드는 상사와, 원래 의도는 좋다는 것을 신뢰하면서 어떤 개선점이 있을지 상의하자고 질문하는 상사, 이 두 상사 중 누구에게 더 생산적이고 건설적으로 대응하겠는가? 또 누구 앞에서 더 겸허하게 자신의 문제점을 돌아볼 수 있겠는가? 질문은 바로 그런 스페이스를 허용한다.

상사의 질문을 받은 직원은 아마도 '친절하게 대해야 한다'는 단선적인 방안 외에도 아주 구체적이고 실질적인 의견을 내놓을 수 있을 것이다. 왜? 그가 바로 현장을 잘 아는 사람이며 어떤 연유로 고객에게 잘못된 대응을 하게 되는지, 어떤 순간이 문제를 야기하는지, 어떤 구체적인 해결책이 있는지를 알고 있고, 스스로 해결책을 실천에 옮길 수 있는 잠재력을 지녔기 때문이다.

생각을 이끌어내는 좋은 질문의 특징은 열려 있다는 것이다. 질문했을 때 대답이 '예' 또는 '아니오'라고 나오는 것이 닫힌 질문이라면, 열린 질문은 상대방이 다양하게 탐색하고 자유롭게 의견을 말할 수 있게 한다.

예를 들어 영업관리자가 실적이 낮은 영업사원을 붙들고 질문을 했다고 하자.

"자네, 고객사 방문은 충분히 했나?"

이것은 전형적인 닫힌 질문으로 영업사원은 '예' 혹은 '아니오'라는 대답을 할 수밖에 없다. 게다가 이 질문은 '고객사 방문을 자주 해야 하는데 왜 제대로 안 하고 있느냐'는 뉘앙스가 깔린 질책으로 들린다. 이 상황에서 관리자는 어떻게 열린 질문으로 전환할 수 있을까?

"영업성과를 높이려면 어떤 노력이 필요하다고 생각하나?"
"이번 분기에는 무엇을 다르게 노력해보겠나?"
"무엇을 개선하면 성과가 높아질 수 있을까?"

닫힌 질문과 달리 이런 열린 질문을 받으면 사람들은 방어적이 되기보다는 생각을 해보게 되고 평소의 생각을 정리해서 말하게 된다. 그리고 자신이 말하는 것에 대한 실행의지가 일방적인 지시를 받았을 때에 비해 훨씬 강해진다.

영어 때문에 스트레스를 받는 한 직원이 상사에게 말했다.

"물론 꾸준히 하면 반드시 는다는 팀장님 말씀이 옳긴 한데요, 저는 솔직히 너무 의지가 약한 것 같습니다. 꾸준히 하는 것이 힘들어요. 몇 번이나 결심했다가도 한두 달 만에 그만두었거든요."

보통 이런 상황에서는 조언을 하기 쉽다. "누구는 이렇게 했다더라", "어디 학원이 좋다", "이런 방법을 써보라" 등등. 하지만 조언이 우리가 생각하는 것보다 효과가 없는 것은 이 직원의 상황과 경험에 맞춰져 있지 않기 때문이다. 아마 당신이 조언을 하는 동안 직원은 이런 생각을 할지 모른다.

'그런 건 이미 시도했다가 작년에 실패한 방법인데.'

'음… 나는 그렇게까지 영어에 올인할 자신은 없는데….'

'또 의지의 한국인이 나오는구나. 나는 끈기가 없다니까요!'

상사는 조언을 하지 않고 대신 이렇게 물어보았다.

"영어를 잘한다면 당신 인생에 어떤 변화가 있을까?"

"그렇다면 자네의 스타일에 맞는 영어공부 방법은 어떤 게 있을까?"

"그동안 살아오면서 정말 끈기를 발휘해본 경험은 어떤 게 있었는가?"

아주 쿨하게, 상대방의 생각을 부정하지 않으면서도 영어공부에 대한 그의 생각을 물어봄으로써 그를 한발짝 앞으로 나아가게 하는 질문이다. 그는 몇 가지 이야기를 했고 결국 바로 다음 주부터 뭔가를 시작하기로 했다.

많은 가능성을 향해 활짝 열려 있고 자신의 생각을 강요하지 않는 열린 질문은 상대방으로 하여금 자신의 문제점을 스스로 깨닫게 하고 더 나아가서 해결책을 찾도록 성장시킨다.

상습 지각생이
달라진 까닭은?

"밥 먹듯이 지각하는 직원들 때문에 안 써본 방법이 없었는데, 이게 가장 효과적이었어요. 정말 문제는 상사로부터 인정받는 것이더군요."

중소기업체의 김 사장은 지각하는 직원들 때문에 골머리를 앓다가 어느 날 총무과에 지시해 통계를 내보도록 했다. 결과를 보니 매달 예닐곱 번은 반드시 지각하는 상습 지각 직원이 셋 있었다. 이 기록을 보는 순간 화가 났다. 아예 월별 도표로 만들어서 전 직원 회의에서 공개하고 벽면에 붙여서 망신을 줄까 하는 생각이 들 정도였다. 적어도 이 셋을 함께 불러 단체로 혼쭐을 낼 심사였다.

그러나 그 사이에 코칭 워크숍에 참석했던 김 사장은 마음을 바꾸었다. 이제는 좀 다른 방식으로 풀어보기로 한 것이다.

우선 직원을 한 명씩 따로 불러 차분하게 면담을 했다. 길게 훈계를 늘어놓는 대신 직원의 사정을 이해하고 스스로 문제를 해결하도록 하기 위해 질문을 해보았다.

"아침에 시간 맞춰 오는 데 어떤 어려움이 있나?"

"지각을 하면 기분이 어떤가?"

"자주 지각을 하는 것이 생활에 어떤 영향을 미치고 있나?"

"우리 회사에 다니는 동안 어디까지 올라가고 싶은가?"

"내년에 승진대상일 텐데 이것으로 인해 불이익을 볼까 안타깝다."

"팀 동료들과의 관계는 어떤가?"

"아하, 몸이 약하다면 건강을 먼저 챙겨야 하는데 내가 어떻게 도와주면 좋겠나?"

이런 질문과 답이 오가는 동안 이 직원들은 생각도 하게 되고 다짐을 하며 잘해보겠다고 웃으면서 면담을 끝냈다.

그런데 그중 한 직원은 이렇게 중립적으로 물어봐도 잘 대답을 하지 않았다. 한참 동안 말을 꺼내지 않던 그가 마침내 한 말은 듣기에 퍽 실망스러웠다. "회사생활이 재미가 있으면 안 그럴 텐데, 솔직히 아침에 회사 올 기분이 나지 않는다"는 것이었다. 그러다 보니 지각이 잦게 된 것 같다며 남 탓을 하는 식으로 말하는 것이었다.

사장은 이 말을 듣자 속으로 화가 났다. '회사가 재미로 나오는 곳이냐! 무슨 놀이터 줄 아느냐! 그 따위 태도로 일하려면 때려치워!'라는 말이 목구멍까지 치밀었지만 꾹 참았다. 이 현명한 사장은 비난으로 대화를 끝내버리는 대신 참을성 있게 듣고 그 직원의 말을 그대로 따라가보기로 했다.

"음… 그래, 회사생활이 재미가 없다고? 그럼 어떻게 하면 재미있는 직장이 될 수 있는지 좋은 생각이 없나?"

이 직원은 사장이 자꾸 물어보니 몇 가지 아이디어를 내놓았다.

"칸막이가 너무 높아서 얼굴도 못 보고 일하니 답답하다. 칸막이를 낮추면 좋겠다."

"어떤 회사는 월 1회 호프데이라는 걸 하면서 서로 친해지고 재미있게 지낸다고 하는데, 우리도 그런 걸 하면 좋겠다."

"오후에 간식이나 티타임을 하면 어떨까 모르겠다." 등등.

사장은 이 말 하나하나를 메모해가면서 진지하게 듣고 그중 몇 가지는 시행하면 좋겠다고 맞장구를 치기도 했다. 그렇게 대화가 진행되고 있는데, 어느 순간 그 직원이 이런 말을 꺼냈다.

"사장님, 사실 어린애가 장난감 없다고 못 놀지는 않잖습니까? 놀 마음만 있으면 흙만 갖고도 하루 종일 잘 놀지요. 결국은 마음먹기에 달린 일인 것 같습니다. 제가 즐거운 마음을 갖는 게 가장 중요한 것 같습니다."

내심 놀란 사장은 "와, 정말 멋진 비유네. 그렇게 똑똑한 사람인 걸 몰라봤어"라며 그를 크게 인정해주고 존중해주었다.

면담의 결과는 기대 이상이었다. 지각이 거의 없어진 것이다. 그동안 지각을 줄이기 위해 별의별 방법을 다 써본 회사였다. 지각하면 벌금 내기, 월급에서 제하기, 영업비 늦게 주기, 팀원 지각하면 팀장 벌칙 주기 등등. 그러나 이런 페널티들은 행동을 변화시키는 데 별 효과가 없었다. 일대일 면담을 통해 비로소 확실히 개선된 것이다.

한 직원은 나중에 이렇게 이야기했다. 그동안은 사장님의 눈이 높고 자신은 그 기대를 못 채우는 것 같아서 늘 열등생 같은 기분이었는데, 사장님이 존중하여 대해주니까 자신의 행동에 더 책임감을 갖게 되었다고.

상대방을 인정해주고 존중해주는 태도는 카리스마 넘치는 백마디 말보다 더 크게 마음을 움직일 수 있다.

'사람은 누구나 자기 문제에 대해 스스로 해답을 가지고 있다'는 것이 코칭의 철학이다. 누구나 자신의 문제에 대해 가장 많이 알고 있고 또 고민을 많이 하기 때문이다. 집중하여 해결책을 찾을 수 있도록 문제를 제기해주고 들어주는 일, 그리고 앞으로 나아갈 수 있도록 질문을 해주는 일이 타인에게 베풀 수 있는 최상의 선물이 아닐까.

질문을 해도
대답을 안 할 때

코칭을 하다 보면 내가 한 질문에 대해 상대방이 즉시 답을 못하는 경우가 있다. 그럴 때는 어색한 침묵이 흐르게 된다. 그렇다고 침묵을 깨기 위해 바로 다른 질문으로 넘어가거나 자신이 직접 답을 말해버리는 것은 정말 좋지 않다.

질문을 받았는데 바로 답을 하지 못하는 이유는 뭘까? 한국의 교육과정 속에서 우리는 항상 질문을 받으면 정답을 말하도록 훈련되어왔다. 즉 자기 생각을 솔직하게 말하는 것이 아니라 상대방이 요구하는 답을 말하는 것이 더 똑똑하고 좋다는 식으로 훈련된 것이다. 잘못해서 엉뚱한 대답이라도 하면 금방 교실에서 웃음거리가 되다 보니 지나칠 정도로 상대방이 원하는 답만을 말하려고 한다. 특히 질문하는 사람이 상사나 선배, 어른이면 더더욱 그렇다. 이런 문화 속에서는 질문에 대해 떠오른 생각이 과연 상대방이 듣고자 하는 답인지 확신이 없으면 답을 하지 않고 차라리 침묵하게 된다. '가만히 있으면 2등은 간다'는 식으로 안전한 편을 택한다.

이럴 때는 편안하게 어떤 답이든 할 수 있게 만들어주는 것이 좋다.

"정답이 있는 질문은 아니니까 어떤 생각이든 떠오르는 것을 말해주세요."
"바로 대답을 안 해도 좋습니다. 그냥 관련된 얘기를 해도 좋습니다."

정말로 쉽지 않은 질문도 있다. 대답을 하려면 생각을 정리해야 하고 생각하고 답하는 데 시간을 필요로 하는 질문을 누구나 한 번쯤은 받아보았을 것이다. 코치는 상대방이 대답하지 않아 침묵이 흐르는 순간을 꼭 경험하고 극복해봐야 한다. 지금까지 늘 그 침묵을 깨려고 자기가 먼저 다른 얘기를 꺼냈던 사람이라면 이제부터는 그걸 참고 상대방이 침묵을 깰 때까지 참고 기다리는 수련을 꼭 해보라고 권하고 싶다. 그 과정을 통해서 침묵이 흐르는 동안에도 상대방의 머릿속은 계속 돌아가고 있다는 것을 알게 되고 방해 없이 생각할 시간을 허용하는 것이 얼마나 중요한지를 깨닫게 될 것이다.

상황을 역전시킨
빛나는 질문들

경력사원 채용을 위해 면접을 보는 자리였다.

"자, 지금부터 귀하의 경험과 역량에 대해 요약해서 설명해주시죠."

한 면접관이 이렇게 말하자 나머지 면접관 세 명은 등을 의자에 기대었다. 이제 좀 길게 들을 차례라는 마음이었을 것이다. 그런데 뜻밖에도 이 응시자는 곧바로 대답을 하지 않고 거꾸로 질문을 했다.

"예, 제가 그냥 말씀을 드릴 수도 있겠습니다만, 어떤 역량을 필요로 하는지를 알면 좀 더 거기에 초점을 맞추어서 설명드릴 수 있겠습니다. 어떤 역량이 중요하다고 보시는지요?"

면접관은 내심 놀라 의자에서 등을 떼어야 했다.

"음… 임원의 어시스턴트 일이니까 대인관계 기술과 의사소통이 중요하겠죠? 글도 어느 정도 잘 써야 하고요. 그쪽으로 설명해보시죠."

이 응시자는 면접에서 붙었을까? 떨어졌을까? 짐작대로 그는 합격했다. 요구되는 역량이 무엇인지를 파악하고 거기에 초점을 맞춰서 효과적으로 답했기 때문이다. 게다가 면접관들은 '어려운 자리에서도 질문을 할 수 있다'는 사실에 가산점을 주었다.

흔히 말을 많이 하는 사람이 대화를 이끌어간다고 생각하기 쉽지만 사실은 질문하는 사람이 대화의 방향을 주도한다. 사람은 질문을 받으면 대답을 하게 마련이므로. 질문을 내치는 사람은 드물다. 질문을 받으면 대개는 생각해보게 되고 그에 맞추어 대답하게 된다. 그럼에도 우리는 상대방에게 묻는 대신에 추측을 하며 추측을 토대로 말을 늘어놓는 데 익숙하다. 그 추측이란 게 사실은 얼마나 일방적이며 잘못될 수 있는 것인가.

물론 질문에도 질이 있다. "학교에서 별일 없었냐?" 수준으로는 부족하다. 직원에게 "잘돼가나?"라고 건성으로 물어보는 것도 상대방의 대답을 기대하는 질문이 아니다. 그러므로 '질문의 기술'도 훈련할 필요가 있다. 우선은 일방적으로 말하는 습관을 버리고 질문을 통해 대화를 진전시키는 시도를 해보자. 예를 들어 상대방과의 대화가 피상적으로 흘러가고 있고 에너지가 낮다고 느껴질 때는 이런 질문을 해보자.

"원래 생각한 것에 비하면 지금은 어떻습니까?"

"그것이 어떤 의미가 있나요?"

"아하, 그렇군요. 거기서 더 필요한 것이 무엇이라고 생각하십니까?"

한번은 어느 지방자치단체에서 나를 어떤 프로젝트의 자문위원으로 위촉해왔다. 그래서 그 군수님 방에 외부 전문가들이 초대되었는데, 관계자의 브리핑이 끝나고 약간은 형식적인 이야기가 오가고 있었다. 피상적 얘기가 오가던 분위기를 군수님이 열성적으로 20분간 자신의 비전을 설명하도록 완전히 반전시킨 것은 간단한 한마디의 질문이었다.

"군수님, 당선되실 때 목표했던 것이 잘되고 있습니까?"

아무리 상황이 어렵고 곤란하더라도 못할 질문이란 없다. 까다롭게 구는 고객에게도 불만에 가득 찬 직원에게도 부모의 기대와 다르게 행동하는 자녀에게도 말이다. 어려운 상황에서의 질문은 일방적인 해결책보다 더욱 빛을 발하기도 한다. 상대방이 정말 자신의 문제로 생각하게 하려면 주저하지 말고 그에게 질문을 하라.

깊은 생각 없이
즉답만 할 때

　우리에게는 어렸을 적부터 질문을 받으면 정답을 말해야 한다는 것이 거의 강박관념에 가깝게 자리하고 있는 것 같다. 그러다 보니 사회적으로 성공한 사람일수록 상대방이 질문을 했을 때 즉각 스마트한 답을 내놓으려는 경향을 강하게 드러낸다. 심지어 코치가 질문했을 때 금방 대답하지 못하는 것을 당황스럽거나 부끄러운 일로 여기기조차 한다.

　그러나 즉답은 때로는 깊은 의미를 느끼고 새로운 가능성을 탐구해야 하는 코칭을 방해할 수도 있다. 코치는 즉답을 하려는 경향이 때로는 방해물이 된다는 걸 알아차리고 더 깊이 있는 생각으로 상대방을 안내할 필요가 있다.

　"이 질문에 바로 답을 안 해도 됩니다. 시간을 가지고 생각을 해보세요."

　"지금 그 대답 외에 더 생각해본다면 어떤 것들이 가능할까요?"

　"이런 것은 생각하는 데 시간이 필요하기도 합니다. 저는 괜찮으니 잠시라도 생각을 해보십시오."

　즉답은 곧잘 피상적인 사고에서 나온다. 더 깊은 생각으로 가려면 무엇이 필요할까? 머리에서가 아닌 가슴으로부터 생각이 나올 때 강력한 전환이 일

어난다. 그렇기 때문에 종종 코치는 머리에서만 사고가 맴도는 사람을 '가슴'
에 귀를 기울이게 할 필요가 있다.

"지금 그 말을 할 때 느낌은 어떻습니까?"
"그것이 몸 어디에서 느껴지나요?"
"머리가 아닌 가슴이 말한다고 생각해보십시오. 뭐라고 하겠습니까?"
"정말 마음이 원하는 것은 무엇인가요?"

세상에서 가장 먼 거리는 '머리에서 가슴까지의 거리'라는 말이 있다. 코치
는 과제보다는 사람에 초점을 맞추며, 그렇기 때문에 그 먼거리여행의 안내
자가 되어줄 수 있어야 한다.

큰 그림을
그리게 하는 질문

　어느 조직에 새로 영입되어온 CEO가 있었다. 그는 추진력 있고 매우 성과지향적이며 성격이 급한 사람이었다. 그는 새로 맡은 조직의 인력에 대해 불만이 많았다. 직원들이 대부분 나태하고 무사안일에 빠져 있으며 변화에 대한 저항이 만만치 않다는 것이었다. 그는 머지않아 조직을 근본적으로 뒤바꿔놓겠다고 다짐하고 있었다.

　어느 조직이든 새로운 경영자가 와서 보면 변화가 필요하다고 느끼게 된다. 또한 새로 부임한 CEO에 대한 신뢰가 형성되지 않은 상태에서의 직원들 반응은 저항으로 비치기도 한다.

　CEO의 코치는 그의 말에 충분히 공감을 표시하며 경청했다. 이야기를 끝까지 들으며 인정해주어 공감대가 형성된 후 코치가 자연스럽게 물었다.

"조직과 구성원들의 바뀐 상태가 어떤 것이기를 원합니까?"

"그러기 위해서 어떤 식으로 큰 계획을 세우고 접근하겠습니까?"

그러자 이제까지 호기 있게 말하던 CEO가 놀라면서 멈칫거리는 태도를 보였다. 속으로 무언가를 정리하려는 듯 잠시 침묵하던 그가 입을 열었다.

"눈에 보이는 하나하나가 맘에 안 들어 닥치는 대로 지시를 하던 중이었습니다. 그런데 이렇게 마구잡이식으로 지적만 할 게 아니라 좀 더 큰 그림을 그려봐야겠다는 생각이 드는군요. 어느 정도 시간을 갖고 어떤 순서로 접근할지 계획을 세워서 접근해야겠습니다."

그러면서 코치의 질문을 받는 순간 자신의 생각에 한계가 있었다는 걸 깨달았다고 했다.

이어서 코치는 그가 젊었을 적 직원으로 일하던 때를 떠올려보게 하는 질문을 했다. 나름대로는 열심히 하고 있다고 생각하는데 새로 온 상사가 "이것 바꿔라, 저것 바꿔라" 했을 때 어떤 느낌이 들었던가를. 그러자 그는 자신의 안목이 낮고 경험과 지식이 부족함을 일깨워준다는 느낌을 받지 못했을뿐더러 마구잡이로 지적만 쏟아내는 듯한 모습에서 마치 새로 온 상사가 자기 취향대로 모든 걸 뜯어고치려 한다는 생각이 들어 오히려 저항감과 좌절감을 느꼈다고 대답했다.

CEO의 회상 속에서 답은 쉽게 도출되었다. 새로 온 CEO가 모르는 것을 일깨워주고 가르쳐주면 고맙다면서 더욱 분발하게 될 것을, 잘못한다고 지적사항만 나열하니 반감부터 들게 되지 않는가 하고 반성하게 된 것이다. 그는 자신이 직접 나서서 하나부터 열까지 끌고 가는 것보다는 더 큰 그림을 그리고 전략적인 접근을 해야겠다는 결론을 내리게 되었다. 감정적으로 대할 것이 아니라 조직이 변화하는 데 걸리는 시간을 감안하여 차근차근 포기하지 않고 끈질기게 실행하겠다는 의지를 다졌다.

이 CEO는 빨리 직원들과 새로운 시각으로 상의해보고 싶다며 다음 날 출근이 기다려진다고 할 정도였다. 어떻게 하면 그들이 주체로 나서게 될지 알 것 같다고 말하는 그의 모습에서 진정한 흥분을 느낄 수 있었다.

질문은 이렇게 사람의 생각을 일깨워주며 자신의 생각을 더 큰 틀에서 바라보게 해준다. 이해당사자들의 시각에서 조망하게 하고 그것을 통해 객관적이고 균형 잡힌 시각을 회복할 수 있게 해준다.

상자 밖으로
나오게 하는 질문

나는 한 사람의 코치이기도 하지만 자신의 성장을 위해 코치를 두고 종종 코칭을 받는다. 코칭을 받으며 직접 경험한 발상의 전환도 있었다. 문제를 바라보는 나의 시각이 코치와 이야기를 나누기 전과 후로 거의 180도 달라지기도 했다.

큰아이를 차로 40~50분 걸리는 먼 곳의 학교에 입학시켰더니 여러 가지 문제가 생겨났다. 통학버스가 아침저녁으로 다녔지만 방과후 활동에 원활하게 참여하지 못하거나 일찍 끝나도 긴 시간을 기다려 타고 와야 하는 불편이 있었고, 무엇보다 아이가 무척 피곤해하면서 야위어갔다. 사실 둘째아이도 그 학교에 보낼 계획이니 적어도 앞으로

6~7년을 생각하면 우리 가족이 진작 학교 부근으로 이사를 하는 게 맞았다.

그러나 그렇게 하지 못한 가장 큰 이유가 있는데, 그것은 지난 12년 간 나를 도와준 아주머니 때문이었다. 내가 사회생활을 하는 동안 두 아이를 갓난아기 때부터 키워주고 집안일을 돌보아주셨고, 급하면 아이들 학교에도 뛰어가고 반상회도 열어주고 어쩌다 늦는 날엔 밤 늦게까지 아이들 곁에 있어준 분이다. 한 동네에 살며 나를 대신해 많은 일을 처리해준 이 분이 없다면 아무리 좋은 환경, 큰 편익도 내겐 의미가 없을 것만 같았다. 그래서 마땅히 가야 할 이사를 미루고 또 미룬 것이다.

아이들도 어느 정도 컸으니 이제 '홀로 서기'를 해야 하지만 지금 역할만으로도 너무나 바쁘고 벅찬데, 아주머니가 맡아주던 집안일까지 내 몫이 된다면 도저히 감당할 수 없을 거라는 생각뿐이었다. 특히 매일이다시피 아침 일찍 출근해야 하는 내게 가족들의 아침식사 준비는 걱정을 넘어 두려운 일이었다.

이런 나의 시각을 완전히 바꿔준 사람은 나의 코치였다. 코치는 내 고민을 듣더니 이런 질문들을 해주었다.

"당신 가족이 가장 행복하고 이상적으로 생활하는 모습은 어떤 것인가?"

"아주머니가 없을 때 실질적으로 가장 큰 문제가 될 것은 무엇인가?"

"그것에 대해 어떤 대안들이 가능하겠는가?"

"당신이 그 일을 해내기 위해 얼마의 시간이 필요한가? 더 수월하게 할 수 있는 방법은 어떤 게 있겠는가?"

"만약 당신이 직접 아침식사를 준비하여 가족과 매일 아침식사를 같이 한다면 어떤 좋은 점이 있겠는가?"

"그런 것들은 장기적으로 당신의 삶과 가족에 어떤 영향을 미치겠는가?"

이런 질문들을 받고 생각하고 대답하면서 나는 가족을 위해 아침을 준비하고 함께 식사하는 시간이 나한테 너무나 소중한, 놓칠 수 없는 시간임을 크게 깨닫게 되었다. 내가 도저히 떠맡을 수 없다고 했던 그 아침식사 준비가 서로 대화하고 위해주는 따뜻한 시간이 될 수 있다는 생각을 하니 빨리 이사를 가서 온가족이 함께하는 행복한 아침을 맞고 싶다는 생각에 흥분이 될 지경이었다.

나는 바로 그 주에 이사할 집을 알아보고(무려 10개월간 미루던 일이다!) 계약을 했고, 어느 때보다 밝고 흥분된 마음으로 이사 후 생활을 설계하게 되었다. 가족들에게도 이사 후 아주머니 없이 생활하게 될 때 우리가 무엇을 준비해야 할까, 아침은 몇 시에 먹을까, 집안일은 서로 어떻게 분담할까를 의논하였는데 내가 너무나 기분 좋고 들뜬 상태였기 때문에 가족들도 즐겁게 받아들이는 것 같았다.

흔히 사람들은 '인식에 기초하여 살아간다'고 한다. 객관적인 사실이 중요한 것이 아니라 그 사실을 어떻게 인식하느냐가 더 중요하다는 것이다. 내 경험을 통해 다시 한 번 그 점을 뼈저리게 느낄 수 있었다.

무엇이 나를 이토록 변화시켰는가? 그것은 코치의 조언이나 충고가 아니었다. 상자 안에 갇혀 있던 나를 상자 밖으로 나오게 만들어준 것은 코치의 질문과 강력한 지지였다.

종종 자기만의 상자 안에 갇혀 사는 사람들을 보게 된다. 그 상자는 객관적으로 존재하는 것이 아니라 자기 머릿속에 있다. 이른바 '지각된 한계Perceived Limitation'다. 당신은 절대 남들 앞에 나서서 연설을 할 수 없다고 생각하는가? 한국에서 나고 자라서는 영어를 잘할 수 없다고 생각하는가? 열등감을 느끼게 하는 어떤 사람 앞에서는 항상 주눅이 드는가? 자신이 세일즈에 자질이 없다고 생각하는가? 직원들이 형편없다고 생각하거나 자녀에게서 좌절감을 느끼는가?

그 모든 것들은 사실 당신이 아직 상자 안에 머물러 있다는 사실을 말해줄 뿐이다. 만약 당신이 상자 밖으로 나와 아주 자유로운 상태에서 새로운 가능성을 발견하게 된다면, 전혀 다른 각도에서 문제를 바라볼 수 있다면, 그것들이 진실의 일면에 지나지 않음을 알 수 있을 것이다. 아마도 그런 상태가 되면 당신은 자신이 갖고 있는 무한한 잠재력에 스스로 깜짝 놀라게 될 것이다. 한없이 커지고 계속해서 뻗어나갈 수 있는 존재, 당신은 바로 그런 존재인 것이다.

상대방에게 정말
아이디어가 없다고 느껴질 때

코칭을 하면서 질문을 해도 상대방이 "잘 모르겠다"는 대답만 반복하는 경우가 있다. 실제로 아이디어가 없어서 그럴 수도 있고 어떤 사고의 함정에 빠져서 그럴 수도 있다. 이럴 때는 상대방의 시각을 전환시켜 다른 각도에서 바라보게 함으로써 그 함정에서 빠져나오게 도와줄 수 있다.

생산직사원들의 사기를 올리고 싶다며 코치에게 좋은 방법을 알려달라고 조언을 구하는 경영자가 있었다.

코치　직원들의 사기를 올릴 수 있는 방법으로 어떤 것이 있을까요?

경영자　글쎄요… 그게 궁금합니다. 어떤 방법을 써야 할지요.

코치　이제까지 어떤 시도를 해보셨나요?

경영자　제안왕도 뽑아봤고 필독서를 만들어 독후감대회도 해보았죠. 근데 모두 시키니까 하는 이벤트로 끝나는 것 같고 사기가 오르거나 문화가 바뀐다는 느낌이 없습니다.

코치　뭐가 더 필요할까요?

경영자　그러게 말입니다. 코치님이 좋은 방법을 알려주시면 좋겠네요.

이런 식으로 가면 대화가 겉돌면서 제자리에서 맴돌게 된다. 코치가 다른 방향에서 보도록 해보자.

코치   사기를 올릴 아이디어가 생각나지 않는다면 직원들의 입장에서 생각해볼까요? 직원들이 가장 중요하게 생각하는 것은 무엇일까요?

경영자   글쎄요, 월급 많이 받는 거겠죠. 하지만 월급을 무한정 올릴 수도 없고….

코치   월급을 중시한다는 말씀이군요. 그밖에는요?

경영자   음… 직장분위기가 좋으면 회사 나올 기분이 나겠죠.

코치   직장분위기에 영향을 미치는 것은 어떤 것이 있을까요? 직원들이 출근해서 일하고 퇴근하기까지의 과정을 생각해보기로 하죠.

경영자   출근카드 찍는 것부터 일과가 시작되죠. 밝고 좋은 기분으로 하루를 시작하면 좋을 것 같은데, 음… 아, 제가 할 수 있는 뭔가가 있을 것 같군요.

코치   예, 그게 무엇이지요?

여러 번 생각해봐도 별 방법이 없었던 문제일수록 코치는 상대방의 고정된 관점을 바꾸어주기 위해서 여러 가지 창의적인 방법을 활용한다. 물리적인 환경을 바꾸어 생각해보거나 다른 사람의 입장에서 다시 생각해보게 하는 것도 좋은 방법이다.

어느 제빵사의 변신

CEO로서 코칭교육을 받은 한 분의 사례를 소개한다. 그는 제과점을 경영하는 친구의 고민을 듣고 아주 적절한 코칭을 해주었다.

친구는 경기도 나쁘고 웰빙 바람이 부는 등 제과점 경영에 좋지 않은 외부환경을 설명하며 어려움을 호소했다. 그러다가 "요즘 부쩍 매상이 떨어지는데 제빵사마저 속을 썩인다"면서 제빵사에 대해 이야기하기 시작했다.

예전에는 제빵사가 신제품 아이디어도 많이 내고 마케팅전략까지 제안하곤 했는데, 요즘은 나태해질 대로 나태해졌다는 것이었다. 매상이 떨어지는 것도 사실 따지고 보면 거기에 원인이 있다고 했다. 자신은 제빵사를 가족으로 생각하고 있는데 제빵사는 소위 '주인의식'이 없어서 시키는 일만 마지못해 하는 것 같다며 5년 전 개업했을 때처럼 제빵사가 신바람나게 적극적으로 일을 했으면 좋겠다고 했다.

코치는 여기서 이 사람의 현재 상태와 원하는 상태 간의 갭을 발견할 수 있었다. 그래서 코치는 질문을 통해 어떤 가능성이 있는지를 탐구해나갔다.

"만일 자네가 제빵사라면 5년 전에 비해 요즘 달라진 이유가 어디에 있다고 생각하나?"

"과거에 제빵사를 그토록 신바람나게 했던 것들은 무엇이었을까?"

"만일 자네가 제빵사라면, 자네는 사장에게 무엇을 어떻게 해달라고 하겠는가?"

되도록 '열린 질문'을 통해 스스로 무언가를 발견하도록 지지해주었다. 한참을 생각하던 친구가 얼마간의 침묵 후에 입을 열었다.

"허긴! 지가 무슨 신바람이 나겠어? 나이는 서른둘인데 장가들 밑천이 있나, 옛날 빵 기술로 앞으로 얼마나 버틸 수 있을지 눈앞이 캄캄할 테고…. 매상 떨어지는 날에는 괜히 사장이란 놈이 신경질이나 팍팍 내지, 머리가 커질 대로 커졌는데도 여자친구가 있건 없건 아랑곳없이 옛날처럼 이름 막 불러대지…."

생각해보니 자기에게 문제가 있는 것 같다고 했다. 인식이 여기에 이르자, 그 다음부터는 자신이 무엇을 해야 하는지, 당장 무엇부터 할 수 있는지 바로 아이디어가 쏟아져나오더라는 것이다. 친구는 제빵사와 맥주라도 한잔 하면서 몇 가지 제안을 해보겠다고 했다.

첫째, 제빵사를 창업파트너로 인정해주고 호칭도 '실장님'으로 바꾼다.

둘째, 월급 중에 15만원을 떼고 자기도 15만원을 보태어 월 30만원씩 제빵사 명의로 주택부금을 붓는다.

셋째, 야간 제과학교에 보내 신기술을 배우도록 하겠다. 교육비는 자격증을 따는 조건으로 자기가 전액 부담한다.

넷째, 빵을 구울 때는 자기도 공장에 들어가서 제빵사의 보조 역할을 한다.

친구의 표정은 한결 밝아졌고 의욕에 차 보였다. 친구의 열정이 식기 전에 빨리 일터로 돌아갔으면 좋겠다는 생각이 들 정도였다.

그런 계획을 실행하는 데 어떤 어려움이 있겠느냐고 묻자 '재정적 부담과 관련해서는 별 문제가 없으나 빈틈없고 칼날 같던 자신이 어느 날 갑자기 달라진 모습으로 제빵사를 대하는 것이 왠지 쑥스러울 것 같다는 것과, 혹시 제빵사가 나름대로 다른 계획을 가지고 있어서 자기의 제안을 거부하면 어쩌나' 하는 막연한 걱정거리를 털어놓았다.

그래서 제빵사의 여자친구도 함께 불러서 창업했을 때부터 지금까지 고생했던 일, 즐거웠던 일들을 추억하면서 진지한 자세로 중대발표(?)를 하기로 하고 만일 분위기가 어색해지거나 딱딱해지면 옆에서 부인이 재치 있고 부드럽게 바꿔주기로 사전모의를 했다.

이야기 말미에 친구는 제과점 생각만 하면 머리가 지끈거렸는데 알고 보니 문제의 근본원인은 자신에게 있었고 계획한 네 가지만 제대로 실행하면 머지않아 창업 당시처럼 활기 넘치는 제과점이 될 것 같다고 말했다.

결과는 어땠을까? 몇 개월 뒤에 그 제과점을 직접 방문해본 코치는 사장을 '아버지'라고 부르며 신명나게 일하고 있는 제빵사와 마치 제2의 창업을 한 것처럼 활기에 넘치는 제과점, 예전보다 훨씬 성숙해진 친구의 모습을 확인할 수 있었다.

우리는 흔히 '문제는 사람'이라고 하면서도 막상 현실적인 문제에서는 사람에 초점을 맞추지 못하는 경우가 많다. 경기 탓, 환경 탓, 남 탓…. 그러나 사실 가장 강력한 변화는 자기 자신에게서 비롯되는 것이다. 그럴 때 비로소 그 영향력이 '사람'을 움직이게 된다. 외부환경이 아무리 어려워도 그것을 극복할 수 있는 힘은 바로 나 자신에게서 시작된다는 것을 이 이야기는 너무나 잘 보여준다.

Chapter 3

마법의 피드백

정비공형 상사와
정원사형 상사

피드백은 항상 더 나은 미래를 지향한다. 즉 다음번에 더 성장하고 발전하기 위해 주는 메시지다. 상대방에게 피드백을 주는데 만약 이 전제가 없이 현재의 부족함을 정태적으로 절대화하기만 한다면 그것은 단순한 지적과 비판, 즉 크리틱의 수준을 넘지 못한다. 그런 점에서 피드백은 크리틱과 다르다.

상사들이 직원에게 피드백을 해주는 것을 마치 자신의 우월함을 보여주는 기회처럼 인식하는 경우가 종종 있다. 그러나 절대 잊지 말자. 피드백은 상대방을 위한 것이며 그의 성장을 위한 것이다.

작은 씨앗 하나에 큰 나무가 되고 꽃을 피우고 열매를 맺을 모든 인자가 다 들어 있듯이, 헐벗은 겨울나무 가지 안에도 봄이 오면 새순을 돋게 할 그 무엇이 숨어 있듯이, 사람의 잠재력도 그런 것이다. 지금 당장 겉보기에는 부족하고 모자란 듯 해도 열정을 가지고 시도하고, 또 한계에 도전해나가면서 깜짝 놀랄 정도로 성장하지 않는가. 코칭을 하면서 가장 감동을 느끼는 순간도 바로 그때다.

나는 다른 건 다 할 수 있어도 남들 앞에 나가서 발표하는 것만은 절대로 못한다는 사람이 있었다. 청중이 백 명이건 열 명이건 상관없이 사람들 앞에 나가 마이크만 잡으면 머릿속이 하얘지고 진땀이 나며 자기가 무슨 말을 하고 있는지를 모르겠다는 것이다. 다른 일은 무엇이든 할 수 있으나 다만 프레젠테이션만은 못하겠으니 꼭 빼달라는 것이 그의 요구였다. 문제는 이 사람이 컨설턴트로서 성장해나가려면 프레젠테이션은 필수적인 역량이고 피할 수 없는 일이라는 사실이다. 또 한 가지, 나는 프레젠테이션이란 하면 할수록 느는 기술이며 어렵다고 안 하면 더욱 문제가 심각해질 뿐이라는 사실을 알고 있다.

이럴 때 코치로서 나는 어떻게 대응해야 하는가? 코치는 진실을 말하는 사람이다. 상대방에게 잘 보이기 위해 진실을 모른 체하는 것은 코치의 자세가 아니다. 오히려 관계의 위험을 무릅쓰고라도 자신이 보는 진실을 말해야 한다. 다만 상대방을 무시하거나 폄하하는 방식이 아니라 그의 존엄을 지켜주고 배려하면서 이야기하는 방식이어야 한다. 또한 코치는 상대방이 할 수 있다고 생각되면 그것에 도전하도록 요구해야 한다. 그것이 그의 성장을 위하는 길이기에.

나는 그에게 내가 아는 진실을 말해주었다.

"프레젠테이션은 자꾸 해볼수록 더 잘하게 되는 일입니다. 어렵다고 회피하면 기술이 늘 기회가 없어집니다."

그리고 그에게 마음속의 한계를 넘어서 도전하도록 요청했다.

"프레젠테이션을 실습할 기회를 만드십시오. 동료들 앞에서 실습할 시간을 정하겠다고 공표하고 실제로 부딪쳐보십시오."

그 한계란 객관적으로 실재하는 것이 아니라 다만 자신의 머릿속에 그려놓은 한계일 뿐이다. 또한 이런 요청을 강요하기보다는 어떻게 하면 그가 준비되었다고 느낄 수 있겠는지를 물었다.

"언제 실습 기회를 만들어볼 수 있겠습니까? 무엇이 되면 스스로 준비되었다고 느낄 수 있겠습니까?"

그는 코치의 요청에 깊은 인상을 받은 것 같았다. 당장 프레젠테이션을 하겠다고 나서진 않았지만 준비를 해야 한다는 것에는 동의했다. 우리는 코칭과정을 마칠 때쯤 실행계획을 세울 수 있었다.

우선 팀원들 앞에서 내부 프레젠테이션을 해보겠다는 것, 항상 깔끔하고 명석하게 프레젠테이션을 잘하는 동료 팀장이 하는 것을 잘 관찰하여 적용점을 찾아보겠다는 것을 약속했고 두 달 동안 프레젠테이션 능력 향상에 초점을 맞춰본 후 내부에서 좋은 피드백을 받으면 자기가 준비되었다고 느낄 것이라고 했다.

사실 기본 능력이 있는 사람이 초점을 분명하게 맞추고 끈기 있게 노력을 기울인다면 그 기술이 발전하는 것은 자명하다. 그로부터 2년 반이 지난 지금 그는 프레젠테이션을 못한다는 소리를 하지 않는다. 오히려 누구보다 다른 직원들의 프레젠테이션을 격려하고 자세하게 피드백해주는 사람이 되었다. 나는 그가 이제 싹을 틔웠고 곧 그만의 찬란한 꽃을 피우리라는 것을 예감한다.

상사들에게는 기본적인 '상사관' 혹은 '직장생활관' 같은 것이 있음을 느낄 때가 있다. 그것은 자신의 직업 경력을 통해 형성되어온 것이고 상사로부터 전수받은 것이며, 거쳐온 조직의 문화가 크게 반영된 것이다. 물론 여기저기서 들은 이야기들도 있고 미디어의 영향도 받았을 것이다. 모두 하나의 패러다임이자 매우 강력한 준거틀이다. 상사들은 그러한 패러다임으로 해석하고 자신의 역할을 그 틀에 맞게 정의한다.

상사의 역할을 아주 대조적으로 나타내는 두 가지 단어가 있다. 바로 '정비공'과 '정원사'다. 상사의 역할을 '정비공'으로 생각하면 상대방의 문제를 찾아 지적하고 그것을 고치고 억지로라도 그 틀에 맞춰내는 일에 초점을 맞추게 된다. 후배나 부하직원이 잘못했을 때, 아니 잘못할 조짐만 보여도 '정비공' 상사는 손에 스패너를 들고 어깨에 잔뜩 힘을 넣은 채 상대를 고쳐주려고 돌진한다.

반면 '정원사' 상사는 부하의 내면에 꽃을 피울 씨앗이 있음을 알고 인정해준다. 싹이 빨리 나오라고 재촉하거나 빨리 자라라고 줄기를 잡아당기지 않고 기다려줄 줄 안다. 정원사가 하는 일의 핵심은 제때에 물을 주고 가지를 치며 스스로 나무가 성장하도록 북돋아주는 것이다.

황지우의 시 「겨울나무에서 봄나무에로」의 한 구절이다.

자기 온몸으로 헐벗고 영하 13도

영하 20도 지상에

온몸을 뿌리박고 대가리 쳐들고

…

온몸이 으스러지도록

으스러지도록 부르터지면서

터지면서 자기의 뜨거운 혀로 싹을 내밀고

천천히, 서서히, 문득, 푸른 잎이 되고

…

아아, 마침내 꽃을 피우는 봄나무. 우리가 알아채지 못하는 사이에 내부에서 전쟁과도 같은 치열한 과정을 거쳐 싹을 틔우는 그것이 바로 나무의 본성이다.

중요한 것은 평가가 아니라
평가를 통한 개선이다

　직원들과 성과를 놓고 평가하는 과정에서 가장 중요한 것이 '기대사항을 처음부터 서로 분명히 하는 것'이다.
　직원에 대한 불만을 털어놓는 상사 중에 의외로 기준이 없는 경우가 너무나 많다. '시키지 않아도 알아서 내 맘처럼' 해주면 좋겠다는, 정말 충족시키기 어려운 바람부터, 성과도 잘 내고 대인관계도 좋고 적당히 지적이고 순발력도 있고 몸도 아끼지 않기를 바라는 초점이 없는 주문까지. 그런 상사일수록 직원을 평가하는 데도 갈피를 잡지 못한다. 기대가 분명하지 않으면 서로 합의할 수 있는 평가에 도달하기 어려운 것은 당연하지 않은가.

목표가 스마트smart해야 하는 것처럼, 직원이 내야 할 성과도 스마트하게 규정되어야 한다. 구체적이고specific, 측정 가능하고measurable, 실천적이고action-oriented, 현실적이고realistic, 시한이 적절timely해야 한다.

영업부서는 구체적인 숫자가 목표로서 주어지지만, 지원부서나 전문부서의 경우는 정량적으로 측정하기 어렵지 않느냐는 질문도 자주 받는다. 그러나 조직은 측정하는 쪽으로 에너지가 흐르게 마련이다. '측정할 수 없으면 관리할 수 없다'는 말이 있을 정도다.

그러므로 관리자가 해야 할 일은 각 역할에 맞게 측정이 가능한 지표를 개발하는 것이다. 이런 이유로 많은 조직들이 BSC 균형성과 기록표나 KPI 핵심성과 지표와 같은 성과평가지표를 개발하고 자신의 조직에 맞는 성과지표를 적용하려고 노력한다. 중소기업에서는 이런 지표 개발 자체가 어렵고 복잡하여 난색을 표하는 경우도 많은데, 그런 경우에도 단순하지만 직접적으로 성과를 나타낼 수 있는 지표를 기업 사정에 맞게 개발해야 한다.

예를 들어 홍보부서의 성과를 평가할 수 있는 지표로 무엇을 들 수 있을까? 그들이 내야 할 기대성과를 기준으로 본다면 이런 예를 들어 볼 수 있다.

'○○회 이상의 대중매체 노출빈도, 열독률을 감안한 독자(시청자) 수 ○만 명 이상, 지금까지 해보지 않았던 새로운 방식의 홍보 시도 ○회 이상…'

내부고객인 직원들에게 서비스하는 것이 업무인 총무팀의 경우는 어떨까? 비용절감 목표를 세울 수도 있겠고 총무부의 업무서비스에 대한 직원들의 만족도 같은 피드백 결과를 반영할 수도 있다. 한 항목을 예로 들면 '문제가 생긴 시설, 집기가 얼마나 신속하게 복구·개선되는가?'라는 항목을 측정해보고 직원들이 3.4점(5점 만점)을 주었다면, 새로운 목표는 다음 해 말까지 그 수치를 4.0으로 올리는 것으로 하는 식이다. 기대성과가 확립되면 무엇을 평가할지는 매우 분명해진다.

성과평가 면담의 목적은 평가 그 자체가 아니라 평가를 통한 개선이므로 이를 위해 코치로서의 접근이 필요하다.

코칭교육을 받고 나서 직원과의 면담방식을 많이 바꾸었다는 상사들이 많다. 특히 직급이 높을수록 예전과 달리 경청과 질문 위주로 면담하면서 큰 성과가 있었다고 말한다. 국내 한 대기업 통신사의 임원은 직속부하와의 성과평가 면담에서 질문만 네다섯 가지를 준비했는데, 한 시간이라는 시간이 부족할 정도였다고 말해주었다.

더구나 면담의 질에 있어서도 직원의 말을 있는 그대로 듣는 기회가 되었는데, 면담에 임했던 직원은 정말 귀중한 기회였다고 피드백을 해준 것이다. 그 말을 들으면서 역시 코칭은 상호개발되는 과정이라는 것을 느낄 수 있었다. 상사는 커뮤니케이션 역량이 크게 성장하고 자신의 직급에 걸맞은 전략적인 업무에 초점을 맞출 수 있는 스페이스를 갖게 되고, 직원에게는 자율권을 부여하는 임파워먼트의 관계가 형성되는 것이다.

코칭교육을 이수한 한 대기업 관리자의 사례를 소개한다. 그는 직속 직원 10명에 대한 면담을 실시하고 그 결과를 피드백하는 위치에 있었다.

코칭클리닉 수강 후 나는 업적 면담 이전에 개인별 역량에 대한 면담을 먼저 실시했다. 예전 같으면 직원의 잘한 점 한두 가지, 그리고 잘못한 점 대여섯 가지를 가지고 훈계 중심으로 면담을 했을 것이다.

그런데 이번에는 미리 각 항목별로 5개 정도의 질문을 만들었다. 그리고 질문하고 경청하는 과정을 거쳤다. 물론 내가 질문했을 때 직원의 답변이 원하는 방향으로 나오지 않으면 답답하고 끼어들고 싶었다. 하지만 꾹 참았다. 부하직원 한 명당 9개 항목을 실시했다. 하루에 2명 정도, 각 2시간씩 면담을 시행했다. 진행할수록 숙련되어갔고 당초의 질문을 답변에 따라서 다소 융통성 있게 변형할 수도 있게 되었다.

면담 후 부하직원들이 한결같이 하는 말이 이런 면담은 지금껏 해본 적이 없다는 것이었다. 그러나 면담이 끝났을 때 뭔가 후련함을 느꼈고 부족한 점을 스스로 알 수 있었다고 했다. 예전과는 달리 나는 부하직원 개개인에 대한 장단점을 피드백하지 않고 스스로 알 수 있었는지에 대한 확인만을 했다. 대부분의 부하직원들이 면담이 끝난 후 자신의 부족한 점에 대해서 알아차렸다.

지금은 업적을 포함한 고과면담이 진행 중인데 같은 방법으로 질문을 준비하여 진행하고 있으며 지난번과는 달리 부족한 점을 스스로 말할 수 있도록 질문을 했고 그 실행계획에 대한 확답도 받을 수 있었다. 그리고 확인 약속도 했다. 대부분의 부하직원이 만족해하는 표정이었다.

이틀이라는 짧은 시간 동안 익힌 기술이었지만 현장에서 적용하면서 느낀 그 위력은 정말 대단했다. 당시에는 강사님들의 말씀을 과소평가했는데 직접 활용해보니 질문의 위력을 다시 한 번 경험할 수 있었다.

이후에는 업무추진 과정에서 코칭을 해야 할 때를 잘 포착하여 수시로 코칭이 필요한 부하사원에게 적용하며 스스로 계획을 세우고 확인하는 모델을 적용함으로써 부하직원들의 역량을 향상시키는 데 적극 활용할 생각이다.

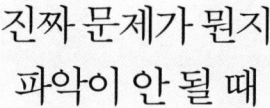

진짜 문제가 뭔지
파악이 안 될 때

 직원이나 자녀를 코칭하다 보면 자신의 문제점을 진짜 잘 모르고 있는 듯한 느낌을 받을 때가 있다. 그렇다고 해서 코치가 "자네는 이런 게 문제야", "또 그렇군. 왜 항상 마감을 못 맞추나? 이젠 습성이 되었군그래" 하는 식으로 부정적인 피드백을 하면 오히려 역효과만 보게 된다. 상대방은 자신이 문제가 있다는 걸 알면서도, 그런 식으로 지적당하는 것에 반감을 갖는다. 자신을 문제 있는 인간으로 본다고 느끼면 사람들은 자신의 문제를 솔직하게 인정하기보다는 도리어 방어적이 되기 쉽다.
 그럴 때는 자기 입으로 직접 문제점을 말할 수 있는 여지를 주어야 한다. 같은 문제점도 남에게 지적받으면 자신이 초라해진다고 느끼지만, 스스로 말할 때는 오히려 당당한 법이다.
 "자네는 훨씬 더 잘할 수 있는 잠재력이 있다네. 무엇을 더 개선하고 싶은가?"
 "다음에는 어떤 것을 더 해보면 좋을까?"
 "자신에게 정말 도움이 되는 것은 무엇이라고 생각하나?"

이런 질문에 어떤 대답이라도 나오면 그것에서 출발해서 스스로의 문제점을 명료하게 만들어나가도록 하는 게 좋다.

"준비를 더 잘하면 좋았겠지만 시간을 낼 수가 없었죠."

"음… 시간이 문제라는 거지? 자신의 시간 사용에 대해서는 어떻다고 느끼는가?"

"글쎄요. 시간을 만들지 못한 것도 문제라면 문제겠죠. 사실 짧은 시간에도 집중을 하면 될 수도 있었는데…, 아무래도 제가 꼭 하려는 의지가 부족했던 것 같습니다."

"음… 그렇게 느끼는 경우가 또 있었나?"

이런 식으로 상대방이 제기하는 문제를 그대로 따라가면서 대화를 해보자. 상대방이 마음을 열게 되고 거기서 뭔가 자신에게 중요한 것을 발견할 수 있는 여지가 생긴다. 코치는 먼저 그런 환경이 조성되도록 노력한 다음 상대방이 스스로 문제점을 얘기할 때 그것에 어떻게 대응하고 해결해나갈지에 대한 주제로 나아갈 수 있다.

당신의 성과가
기대에 못 미쳤습니다

"그 프로젝트는 도대체 왜 진전이 없는 겁니까? 내가 그렇게 중요하다고 말했잖아요! 다들 뭣들 하는 겁니까?"

상사가 화를 내면서 이렇게 말했다고 해보자. 이 말을 '질문'으로 생각하고 '정말 요즘 뭘 하고 있는지' 진지하게 대답하는 직원은 거의 없을 것이다. 대체로 "죄송합니다", "노력하겠습니다" 등 상사의 화를 가라앉히는 대답을 하는 선에서 그치게 된다. 직원의 머리에 떠오르는 생각은 '빨리 이 자리를 모면하고 내 컴퓨터 앞에 앉는 것'이다.

직원들에게 상사가 이런 말을 했을 때 어떤 생각을 하느냐고 물어보면 이런 대답들이 나온다.

"그렇게 척척 될 일이면 자기가 직접 한번 해보지!"

"누군 노는 줄 아나? 힘들게 일하는데 격려는 못해줄망정 아주 죄인 취급을 하네."

여기서 상사가 한 것은 질문이 아니라 질책이다. 그러므로 당연히 이 상사가 얻는 것도 위축된 직원의 원망이지, 실제 프로젝트가 왜 진전이 없는지, 어떻게 해야 진전될 것인지에 대한 해답이 아니다. 커뮤니케이션의 효과가 매우 낮은 것이다.

직원이 기대에 못 미쳤을 때 어떻게 피드백을 주어야 할까? 성과가 전혀 없는 직원에게 모종의 조치를 해야 하거나 더 이상 같이 일하기 어렵다는 말을 해야 한다면 당신은 어떻게 하겠는가?

이런 일이 없으면 좋겠지만 종종 해야만 하는 것이 직장의 현실이다. 어떤 경우는 회사의 정책 때문에, 어떤 경우는 정말 그 사람이 일에 맞지 않아서, 또 어떤 경우는 너무 문제가 심각해서 그냥 넘어갈 수가 없게 된다. 이런 종류의 대화는 매우 중요하면서도 민감하여 위험부담이 높은 커뮤니케이션이라 할 수 있다. 그렇기 때문에 이런 부정적인 피드백은 어려운 일이고 또 신중하게 수행해야 할 문제다.

피드백에서 중요한 첫번째 원칙은 사람과 성과를 분리하라는 것이다. 부정적인 피드백을 하기 어려운 것은, 우리가 성과와 사람을 분리해서 생각하지 못하기 때문인 경우가 많다. 쉬운 일은 아니지만 코치형 리더들은 그것을 중립적으로 분리할 수 있어야 한다.

우리는 '당신 실적이 회사의 기대수준에 못 미친다'는 말을 '당신은 형편없이 무능한 사람이다'라는 말처럼 쓰는 경향이 있다. 실적을 평가하는 것이 아니라 사람을 그 실적으로 재단하는 것이다. 과연 그런가? 실적이 뛰어난 것이 꼭 그 사람 자체가 유능해서이거나 훌륭해서가 아닌 경우가 종종 있는 것처럼, 반대의 경우도 성립한다. 그는 단지 실적을 못 내었거나 그 업무에 맞지 않을 뿐이지, 사람 그 자체까지 형편없는 것은 아니다. 다른 업무에서는 좋은 역량을 발휘할 가능성도 있다. 무엇보다 사람은 단지 숫자로 치환될 수 없는 존재가 아닌가. 이렇게 자명한데도 우리는 종종 이 두 가지를 혼동하여 말하곤 한다.

그렇기 때문에 부정적인 피드백을 할 때는 감정을 통제하기가 어렵다. 분노와 실망감이 한편이라면, 상대방에게 상처를 주는 것이 괴롭고 낙인을 찍는 것 같아 회피하게 된다. 일을 제대로 하지 못하는 직원에 대한 미운 감정과 내보내야 하는 입장의 미안한 마음이 어우러져 있으면 명확한 의사전달을 하기가 정말 쉽지 않다.

"어떻게 하면 하기 곤란한 말을 잘할 수 있느냐?"고 묻는 분이 있었다. 자신은 직원들에게 나쁜 말을 못해서 항상 손해를 본다는 것이다. 조금 다른 경우로, 직원과 직접 대면한 상황에서 분명하게 의사전달을 못하는 경영자가 있었는데, 그 밑에서 일하는 임원은 그것 때문에 매우 피곤해했다. 경영자 자신이 매우 부정적으로 평가하고 있는 직원도 막상 만나서는 부드럽고 긍정적인 얘기만 해놓고서 실제 처리는 이 임원에게 맡겼기 때문이다. 임원은 직원의 기대와 경영자의 실제 판단 사이의 갭 때문에 오히려 일하기가 너무 힘들다고 했다.

거절하거나 기준에 못 미쳤다고 평가하거나 좋지 않은 결과를 전달하는 일은 누구나 하고 싶어하는 일이 아니다. 그러나 그런 일을 해야 하는 상황은 언제나 누구에게나 닥친다.

  피드백에서 두번째로 중요한 원칙은 '중립적 언어'를 사용하라는 것이다. 중립적인 언어란 어떤 것일까? 감정을 배제하고, 전달해야 할 사실에 초점을 맞추는 것이 중립적 언어이다. 또 말을 하는 사람의 가정이나 비난, 평가, 선입견을 배제하고 말하는 것이다. '상대방이 잘못했다'는 느낌을 풍기지 않고도 할 말을 명확하게 전달하는 언어이다. 마치 완전히 당신 편이거나 그 반대편이 아닌 중립지대에 있는 것처럼, 책임의 주체는 분명히 상대방에게 있되 나 자신은 관찰자처럼 객관적으로 말해주는 것이다. 그러므로 "무슨 일이 있어도 나는 당신 편입니다"라고 하는 것은 중립적 자세가 아니다. 오히려 "당신 행동의 책임은 당신에게 있습니다. 선택은 당신이 하는 것입니다. 저는 당신이 더 좋은 선택을 할 수 있게 상황을 설명해줄 수 있습니다"라고 해야 한다.

  예전 회사에서의 일이다. 회사에서 중견간부에게 새로운 책임을 맡겼다. 그의 성과는 매우 낮았고 함께 일하는 직원들의 평가도 좋지 않았다. 더 이상 그 일을 계속 맡기기는 곤란한 상황이었다. 1년이 지난 후 성과를 평가하는 자리에서 나는 "팀장님의 성과가 회사의 기대에 못 미쳤습니다"라고 말해주었다. '당신은 못난 사람이다'라는 뉘앙스도 없었고 '나는 당신에게 실망했다'는 분위기도 없었다. 다만 "그래서 새로운 조처가 필요합니다"라고 그 결과에 대해 우리가 개선책을 검토해야 한다는 것을 알려주었을 뿐이다. 또 나의 해결방안을 미리 정해놓고 강요하지 않으려 했다. 그 대화에서 그가 생각하는 것을 자유롭게 말할 수 있도록 '안전한 공간'을 만들어주기 위해서였다.

그러자 성과가 낮았던 이유에 대한 그의 견해를 충분히 경청할 수 있었다. 그는 자신이 느꼈던 힘든 점과 좋지 않은 여건 등을 충분히 토로했다. 나는 그것을 주의 깊게 들어주었다. 비록 내가 그의 견해에 완전히 동의한 것은 아니지만 그것은 그 자체로 그에게 좋은 일이었다. 앞으로 어떻게 할 것인가에 대해서도 서로 책망하거나 감정에 휩쓸리는 대신 몇 가지 가능한 대안들을 놓고 깊게 토론할 수 있었다. 그 대화에서 나에게 학습이 일어난 것도 분명했다. 마치 객관적으로 조망하는 듯한 그 접근법은 두 사람 모두에게 훌륭한 결과를 가져다주었다.

나중에 그는 다른 자리에서 새로운 일을 하기로 결정했다. 기존 업무의 결과가 나빴기 때문에 나온 변화였지만, 그와 함께 깊게 대화를 한 이후에 그의 생각과 회사의 입장을 서로 고려한 제3의 대안을 마련할 수 있었다. 그는 나에게 감사하다고 했고 나도 그가 새로운 역할에 잘 적응하도록 도와주었다.

앞서 이야기한, 프로젝트가 제대로 진행되지 않는다며 화를 냈던 상사의 경우로 돌아가보자. 당신이라면 그 상황에서 어떻게 중립적인 언어로 직원과 대화하겠는가? 어떻게 대화를 하면 직원을 한 번 질책하고 끝내버리는 대신에, 프로젝트가 진전이 안 되는 이유는 무엇인지, 진전시키기 위해서 어떤 조처들이 필요한지를 파악하며 실질적인 대안들을 강구할 수 있겠는가? 대화를 중립적인 언어로 다시 만들어보라. 이것은 많은 경영자들과 상사들에게 꼭 필요한 훈련이다.

충고는 잊어도
이야기는 기억한다

　화가 나면 못 참는 소년이 있었다. 일단 한번 화가 나면 상대가 누구든 크게 화를 내고 욕을 하거나 떼를 썼다. 어느 날 아버지가 소년을 불러 이렇게 말했다.
　"얘야, 앞으로는 화를 낼 때마다 저 울타리 담장에다 못을 하나씩 박아라."
　아버지는 소년에게 못이 가득 든 자루를 주었다. 다음 날부터 소년은 화를 낼 때마다 자기 집 나무 울타리에 못을 박았다. 첫날 소년은 열일곱 개의 못을 박았다. 다음 날은 못을 열두 개 박았다. 매일 못을 박으면서 소년은 화를 내는 일이 줄어들었다. 그러다 마침내 어느 날 소년이 아버지에게 말했다.

"아버지, 오늘은 처음으로 한 번도 화를 내지 않았어요. 그래서 못을 하나도 박지 않았지요."

아버지는 이렇게 말했다.

"그렇구나. 지금부터는 네가 한 번씩 화를 참을 때마다 저 울타리에 박힌 못을 하나씩 빼내거라."

다음 날부터 소년은 못을 빼내기 시작했다. 차츰 못을 빼내는 횟수가 늘어났고 마침내 어느 날 울타리의 못을 모두 빼내게 되었다. 소년은 아버지에게 그 사실을 알렸다. 아버지는 소년을 데리고 울타리로 갔다.

"얘야, 보이지? 네가 못을 모두 빼내었지만 울타리에 생긴 못 자국은 없어지지 않는구나. 사람들에게 화를 내는 것도 그렇단다. 나중에 네가 사과를 해도 마음속 상처는 저 자국처럼 남는 거야."

이 이야기를 읽고 어떤 생각이 드는가? 코칭을 하면서 나는 가끔씩 어떤 이야기를 들려준다. 그 사람과 관련되거나 도움이 될 만한, 그리고 어떤 극복의 계기가 될 것 같은 스토리를. 스토리는 그 자체만으로 훌륭한 코칭의 역할을 수행하기도 한다. 상사로서 부모로서 상대에게 주고 싶은 메시지를 직접적으로 하기보다 때로는 스토리를 빌려서 말해보라. 훨씬 더 좋은 결과를 얻을 수 있다.

사람들은 이야기를 좋아한다. 멋진 이야기에 매료되었던 경험 없이 성장하는 아이는 거의 없을 것이다. 물론 성장함에 따라 좋아하는 이야기도 달라지기 마련이다. 두 아이를 키우다 보니 아이들이 커감에 따라 좋아하는 이야기에도 어떤 패턴이 있음을 깨닫게 되었다. 네댓

살 이전에는 자기가 좋아하는 어떤 대목이 있는 단순한 이야기를 반복적으로 듣고 싶어하던 아이가 좀 크더니 신기하고 희한한 이야기에 빠져들었다. 그러더니 학교에 들어간 후부터는 제법 기승전결이 있고 드라마틱한 이야기를 좋아하는 것 같았다. 그때마다 아이들은 수많은 이야기들을 통해 공감, 유머, 슬픔, 동정, 정의감 등등의 감정을 발달시켰을 것이다.

성인들에게는 이야기가 어떤 의미가 있을까. 2년 전 미국에서 열린 국제코치대회에 참석했을 때 가장 인상적인 발표 중 하나는 스토리텔러, 즉 이야기 들려주는 연사의 강의였다. 60대의 이 여성 베스트셀러 작가는 수천의 청중 앞에서 어렸을 적 할아버지가 선물한 작은 흙더미의 일화를 들려주었다.

늘 좋은 것, 예쁜 것을 선물하던 할아버지가 한번은 보잘것없어 보이는 조그만 통에 담긴 흙더미를 주셨다. 가끔씩 물을 주라는 말과 함께.

어린아이는 선물에 실망했지만 할아버지 말대로 물을 주었다. 그러던 어느 날 그 흙더미에서 아주 작은, 아주 깨끗하고 보드라운 무엇인가가 움터 나오는 것을 보았다. 어린 소녀에게 생명이 어떤 것인지를 지울 수 없는 인상으로 가르쳐준 할아버지의 선물이었다.

그녀는 또 한 가지 이야기를 들려주었다.

사회적으로 크게 성공한 명사의 부인이면서도 남모르는 가정폭력의 희생자로 살고 있던 한 여인이 있었다. 오랜 세월 고통의 굴레에서 빠져나오지 못한 채 마음의 병은 점점 깊어만 갔다.

어느 날 그녀는 뉴욕의 한 횡단보도 앞에서 남편과 함께 신호를 기다리고 있었다. 적색에서 녹색으로 신호가 바뀌고 남편이 먼저 건너가려고 하자 그녀는 고개를 들고 남편에게 말했다.

"아뇨, 나는 당신을 따라가지 않겠어요."

그것은 그녀가 자신의 정체성을 찾아가는 길이 되었다.

연사가 들려준 이야기는 비록 작은 이야기들에 불과했지만, 수천 명 청중의 주위를 단번에 집중시키고 깊이 공감하고 감동하게 만들었다.

이제는 다 자라서 자신의 인생에 책임을 져야 하고 가족과 조직을 꾸려가는 성인들. 그렇다고 그들의 발달이 끝난 것은 아니다. 일생에 걸쳐서 성인들에게도 지속적으로 성취해야 할 발달과업이 있는데, 그들에게도 이야기는 스스로를 성찰하게 하고 창조적인 아이디어를 떠올리게 한다.

사실 코칭이란 성인들을 성장시키는 일이라 해도 과언이 아니다. 그래서 코치는 상대방의 문제를 들어주는 경청자이자 생각을 전환할 수 있도록 질문을 던지는 질문자이며 의미 있는 이야기를 통해 스스로 깨닫게 해주는 스토리텔러, 즉 이야기꾼이기도 하다.

스토리텔링이 강력한 것은 그 메시지가 듣는 사람의 마음에 연결되어 지워지지 않는 인상을 남기기 때문이다. 우리가 이야기꾼이 되어 이야기를 들려줄 때 듣는 사람은 그 의미를 자유롭게 탐색하고 적용점까지 발견하게 된다. 이야기를 통해 '아하!' 하는 깨달음과 교훈을 줄 수 있다면 그것만으로도 아주 효과적인 코칭이 된다.

내가 상대에게 해주고 싶은 충고나 훈계가 매우 옳게 느껴지더라도 그것을 잠시 내려놓아보자. 그리고 멋진 이야기 하나를 들려주는 것으로 대신해보자.

그렇다면 코칭에 필요한 이야깃거리는 어디서 찾아야 할까? 사실 우리 삶의 경험 그 자체가 훌륭한 이야기의 보고다. 자신이 보고 듣고 겪은 일들을 되돌아보자. 또 어렸을 적 들었던 이야기, 동화들, 이솝우화를 비롯한 짧은 스토리들이 모두 훌륭한 스토리텔링의 소재가 될 수 있다. 문제는 소재가 아니라 우리가 상대방에게 필요한 것이 무엇인지를 파악하는 센스에 있는 것이 아닐까.

스토리를 말할 때 주의할 점이 하나 있다. 이야기를 할 때 교훈까지 정리해주려는 생각을 버리라는 것. 그것은 듣는 사람의 몫으로 남겨두자. 원래 이야기꾼은 가르치려 들지 않기 때문에 사람들이 좋아하는 법이다.

과연 진정한 반성은 가능한가

 사람들에게 진정한 자기 반성은 가능한 것일까? 어떤 때에는, 아니 생각해볼 때마다 늘 회의할 수밖에 없는 질문이다.
 어느 정치집단이 빈약한 논리를 내세우며 예전에 공언했던 것을 부정해버리는 경험을 우리 국민은 많이 해왔다. 그것에 대해 문제제기를 하면 '여건이 미성숙해서'라는 변명이 이어지고 책임을 추궁하면 '유감스럽다'라는 모호한 말로 마무리한다. 아주 많이 나가야 '국민들께 송구하다'는 수준이다.
 이것은 진정한 사과인가? 그 안에 자기 반성이 들어 있는가? 아니다! 얄팍하더라도 그 자리를 모면할 논리만 들이대면 그걸로 그만이라는 생각이 읽혀 오히려 불쾌하다. 당리당략에 따라 움직이는 집단이라 그렇다 치자. 그렇다면 개인은 어떤가. 어떤 사람이 분명히 잘못했을 때, 혹은 부족한 면이 있을 때 그에게 이를 지적해주고서 그로부터 흔쾌한 인정과 사과를 받는 것은 쉬운가? 사실 무척 힘들다. 사람들이 보이는 반응은 "그래, 내가 잘못한 점이 있지. 그렇지만 내가 그렇게밖에 할 수 없었던 이유는 말이지…." 보통 이렇게 이어진다. 당연히 뒤에 나오는 얘기는 "나도 어쩔 수 없었어"라고 앞에서 말한 것을 부정하는 내용이다.

듣다 보면 이것은 잘못에 대한 인정이 아니라 자신에 대한 옹호이자 변명이다. 명백하게 잘못한 경우, 자신이 부족한 경우에도 흔쾌히 반성하는 말을 들어보기가 참 어렵다. 보통은 자기가 그럴 수밖에 없었던 상황 탓, 협조해주지 않은 남 탓, 어떤 경우에도 끝까지 자기 중심적인 관점을 벗어나지 못하는 일이 더 많다.

여기에 심지어 '네가 그런 말 할 자격이 있냐'는 감정이 밑에 깔리면 더더욱 어려워진다. 운전하는데 느닷없이 끼어들어 거의 사고 직전까지 간 상황에서 시비가 붙어도, 문제의 운전자가 뭐라 하는지 아는가? "너나 잘해!"다. 넌 얼마나 잘하기에 나한테 그런 지적을 하느냐는 것이다. 대화가 이렇게 전개되면 잘못을 지적해주려던 사람이 도리어 봉변을 당하는 꼴이 된다. 결국 진정한 자기 반성이란 그 문제를 일으켰던 인식 수준에서는 이루어지기 어렵다.

옳고 그른 것만 따지는 사람이 있었다. 그는 자신의 기준에 의하면 자기는 비난받을 게 없다는 생각에서 벗어나지 못하고 있다. 실제로도 그는 똑똑했고 성과도 좋은 편이었다. 다만 너무나 날카로웠기 때문에 직원들이 그를 슬슬 피하는 중이었다.

그런 그가 얼마 전 360도 다면평가를 받았는데 상사와 동료, 부하직원들의 평가 중 공통적인 것이 있었다. 다른 사람의 말을 가로막지 말고 듣고 수용하라는 것, 타인을 배려하는 태도가 필요하다는 것 등이었다. 그러나 그 결과를 받아든 그는 심한 거부반응을 보였다. "이런 평가는 사람들이 자신을 잘못 평가하기 때문"이며 따라서 별 의미가 없다는 식이었다. 여기에다 대고 "너는 이런 점이 부족해", "이런 점을 더 노력해봐"라고 지적하는 것은 말 그대로 씨알이 먹히지 않는다. 그는 옳은 일을 하고 있고 자기처럼 옳게 일하는 사람도 적다고 생각하며, 무엇보다 자신을 지적하는 사람들보다 자기가 낫다고 생각하니까 말이다.

결국 진정한 자기 반성이란 그 사람이 단순한 '옳고 그름'을 따지는 수준에서 인식이 변화했을 때, 한 단계 높아진 상태에서 그 높은 기준으로 자기를 성찰했을 때만 도달할 수 있는 게 아닐까.

그가 '옳고 그름 이상의 기준'을 생각하고 스스로 성찰하도록 도와주면 어떨까. 나는 그에게 이렇게 물어보았다.

"당신은 충분히 옳지만 내 기대는 그 이상이다. 당신이 사람들로부터 진정한 존경을 받는 모습을 기대한다."

"진짜로 사람들이 당신을 마음으로부터 따르게 하려면 당신은 어떻게 변화해야 한다고 생각하는가?"

이런 말을 들었을 때 그는 비로소 방어적인 자세에서 벗어나 자신의 한 단계 높은 목표를 생각해보게 되었다. 사람들은 누구나 현재의 자기보다 더 나은 사람이 되고 싶어하는 욕구가 있다. 그런 욕구에 코칭이 연결될 때 향상을 위한 반성으로 이어질 수 있지 않을까.

아인슈타인은 이런 말을 했다.

"우리가 직면한 심각한 문제들은 그것을 발생시킨 사고 수준을 가지고는 해결할 수 없다."

아마 그의 말대로 우리의 부족한 성품과 역량이 빚어낸 약점들은 여전히 부족한 그 상태에서는 잘 보이지 않는 것이며, 한 단계 높은 기준에 섰을 때에만 그 약점들이 보이고 그에 대한 진정한 자기 반성도 가능해지는 것이 아닐까. 그러기에 코치로서 코칭 받는 사람이 한 차원 높은 곳에서 사고하도록 안내하는 것은 필수적인 역량이다.

가치 있는 제안이
필요할 때

　상대방이 스스로 해결책을 찾도록 도와주는 것이 코칭이지만 어떤 상황에서는 코치가 상대방에게 더 많은 가능성을 볼 수 있도록 방법을 제안해야 한다. 특히 상대방의 지식이나 경험이 제한적일 때 코치가 새로운 아이디어나 개념을 알려주고 제안하는 것은 큰 가치를 지닐 수 있다.

　직원들에게 권한위임을 해야 한다고 생각하면서도 과연 잘 해낼 수 있을까 염려하여 고민하는 경영자가 있었다. 리더십에 관한 각종 책은 직원들에게 권한위임을 해야 한다는 사실만 반복적으로 강조하고 있기 때문에 이 경영자는 '내가 과연 옳은 리더십을 발휘하고 있는지' 확신이 없는 상태였다.

　코치는 이에 대해 "임파워먼트는 무조건적인 것이 아니라 여러 수준이 있으며 어느 수준까지 임파워먼트할 것인가는 직원에 대한 신뢰 정도에 의해 결정된다"고 말하고 '신뢰 수준에 따른 임파워먼트의 6단계'라는 스티븐 코비 박사의 개념을 설명했다. 이 개념은 경영자가 좀 더 자신감 있게 행동을 선택하는 가이드라인이 된다. 또한 실제 임파워먼트의 수준을 높이기 위해서는 무조건 업무를 넘기는 것이 능사가 아니라 신뢰하는 만큼 위임을 해야 한다는 것, 따라서 지금 무엇에 더 중점을 둘 것인지는 경영자 스스로 선택할 문제라는 것이다.

이 경우에 코치가 주의할 점은 상대방의 사고에 참고가 될 만한 개념 혹은 지식을 중립적으로 제시하는 데 그쳐야 한다는 것이다. 그것을 넘어서 '이렇기 때문에 당신은 이렇게 해야 한다'는 식으로 나아간다면 그것은 더 이상 코칭이 아니라 티칭이 되어버린다.

직원에게 코칭하면서 제안할 때는 지시가 되지 않도록 주의해야 한다. 제안을 하면서도 선택권은 상대방에게 있다는 것을 알려주는 것이 좋다.

"내 경험으로는 웹사이트에 공지를 하면 효과가 있었는데, 자네 생각은 어떤가?"

"그런 협상은 미리 시뮬레이션을 해보면 실전에 도움이 될 수도 있는데, 그런 방법은 어떻게 생각하나?"

그러면 상대방이 선택을 하거나 그 아이디어를 발전시켜서 다른 형태로 정리할 수도 있다. 결국 판단도 결정도 상대방이 하도록 하는 것이 다짐과 실행력을 위해 가장 좋은 방법이다.

튀어 보이는
그에게 박수를

　세상에는 상대방의 처지를 직접 경험해보지 않으면 정말 이해하지 못하는 일이 몇 가지 있다. 수업 받는 학생과 가르치는 선생님이 대표적인 예다. 늘 떠드는 학생도 한번 교단 위로 올라가 소음 속에서 제멋대로인 학생들의 주의를 집중시키려고 악을 써보면 선생님이 왜 그렇게 화를 잘 내고 걸핏하면 목소리를 높이는지 단박에 이해하게 된다. 마찬가지로 선생님도 가끔은 아이들 책상에 하루 종일 앉아봐야 수업 시간에 졸리고 몸이 비틀리는 것이 어느 정도는 당연한 일임을 머리가 아니라 가슴으로 이해할 수 있다. 왜 100퍼센트 집중이 어려운지 그 처지를 몸으로 헤아릴 수 있다.

직장을 옮겨 완전히 낯선 환경에서 위축되는 심정도 한 회사에서 오래 근무하고 있는 사람들은 실감하기 어렵다. 일대일로 보면 전혀 꿀릴 것 없는데, 더 오래 근무했다는 사실만으로 괜히 이쪽에서 상대에게 잘 보여야 할 것 같은, 불공정한 게임처럼 느끼는 것이 직장을 옮긴 사람의 마음이다. 긴장도 되지만 또 뭔가 존재를 증명해 보이고 싶어진다. 그래서 하게 된 의욕에 찬 행동이 "왜 저렇게 튀냐?"는 고참들의 냉소의 대상으로, 시쳇말로 오버로 판정받을 수도 있다.

다른 회사에서 옮겨온 직원이 있었다. 몇 주가 지나는 동안 그는 회의석상에서 적지 않은 아이디어를 내놓았다. 그 아이디어들은 내용도 좋았지만 그것을 제안하는 그의 얼굴은 정말이지 열정이 넘쳐 반짝반짝 빛나 보였다. 기존 직원 A는 "와, 대단합니다. 나도 처음 왔을 땐 저랬는데 말이죠. 불과 1년 만에 내가 너무 안주한 것 같네요"라며 감탄을 했다. 반면에 또 다른 직원 B는 그 아이디어를 하나씩 심사평가하는 듯이 보였다.

"1번 안은 작년에 해봤는데 효과가 없었습니다. 2번 안은 상황을 모르고 하는 소리죠. 실행에 옮기기가 현재로선 무리고요. 3번 안은 글쎄요… 본인이 직접 해보고 성과가 있으면 그때 전체적으로 확대하지요."

의지가 아주 강한 사람이 아닌 한 이런 일을 한두 번 겪고 나면 시도 자체를 그만두게 된다. 그러다가 몇 년 후 반짝반짝하는 후배가 들어와서 아이디어를 발표하는 자리에서 한숨을 쉬는 것이다.

"나도 한때는 저렇게 빛났었는데…."

새로운 직원이 튀어 보일 때야말로 그 회사에 상당한 가치를 더할 수 있는 기회임을 알아채는 것이 리더의 지혜다. 새로운 직원이 아직 이 조직에 적응하기 전에 내놓는 다양한 아이디어, 새로운 시도, 열정이야말로 창의성과 시너지의 원천이기 때문이다. 리더라면 당연히 더 격려해주고 칭찬해주어야 한다. 획일적인 문화에서 성장한 탓인지 우리는 나와 다른 남을 보면 불편해하는 경향이 있다. 그런 문화 속에서 새 직원의 열정을 튀는 것으로 희화화하려는 압력에 리더는 당연히 저항해야 한다. 새로 온 직원이 의욕을 꺾이지 않고 계속 열정을 발휘하도록 돕는 것, 그가 회사에서 자기 비전을 찾도록 하는 것은 상사의 책무라 할 수 있다. 직원이 자신의 일에 대해 분명한 가치를 느낄 수 있을 때 회사에 헌신할 수 있는 것이다.

새로 온 직원이 있으면 그에게 회사와 자신이 어떤 점에서 같은 가치를 추구하고 있는지를 물어보라. 이 질문에 대답할 것이 한마디도 없다면 "나는 이 직장을 단지 먹고사는 문제를 해결하기 위해 다닐 뿐이야"라고 스스로에게 날마다 주문을 거는 것과 같다.

어쩌면 상사는 새로 온 직원이 무조건 기존 직원에게 지고 들어가려고 하는 것을 제일로 경계해야 할지도 모른다. 자신의 생존방법이라 생각하고 '무조건 동화되기'로 방향을 잡은 사람은 사실 조직의 발전에 그리 큰 도움이 되지 못한다. 호된 시집살이를 한 며느리가 못된 시어미 된다는 말처럼, 이런 사람일수록 늦게 들어온 사람에게 텃세를 부릴 가능성이 많다.

개인에게는 새로운 일에 적응하는 것이 과제이듯이, 조직에는 새로운 인재를 받아들여 자기 문화를 풍부하게 가꾸는 것이 긴요한 과제다.

뒷담화에
어떻게 대처할 것인가

　입담이 몹시 좋은 선배를 만났다가 어떤 강사를 비하하는 말을 듣게 되었다. 선배는 그 강사의 출신대학과 출신학과를 너무나 희화화하는 데다가 무례하다고 느낄 정도로 별것 아닌 존재로 취급했다.
　사람들은 왜 모를까. 당사자가 없는 자리에서 남을 헐뜯으면 결국 자기가 낮아진다는 것을 말이다. 미묘한 것은 그렇게 험담을 하는 동기가, 그 사람보다 내가 낫다는 것을 인정받고 싶은 욕구에서 비롯된다는 것이다. 일본 메지로대학 심리학 교수인 시부야 쇼조는 『야심만만 심리학』에서 "험담이나 소문을 말하기 좋아하는 사람은 자기가 칭찬받고 싶은 사람"이라고 지적했다.

조직에서 일하다 보면 직원들이 뒤에서 험담하는 것을 듣게 되는 경우가 종종 있다. 그런 상황에서 상사로서 어떻게 대응하는 것이 좋을까? 어떤 정황이냐에 따라 다르겠지만 맞장구치면서 그 자리에 없는 B에 대한 험담에 가세하는 것은 가장 낮은 수준의 대응이다. A는 속으로 후련하게 느낄지 몰라도 당신에 대한 존경심은 사라진다. 그는 또 다른 자리에서는 당신의 험담을 하게 될 가능성이 높다.

A대리가 와서 B주임에 대해 불평한다. B주임이 일처리를 잘못해서 한심하다며 그가 처리하지 못한 일을 몇 번이나 자기가 대신해주었다고 한다. 게다가 B주임은 예의도 없어서 일을 대신 처리해준 것에 대해 고맙다거나 미안해하긴 커녕 아예 모른 척한다는 것이다. 너무 심하지 않으냐며 불만을 터뜨린다.

이런 상황에서 상사는 나름의 경험에서 해결책을 제시하기 쉽다. "그 친구하고 언제 한번 툭 터놓고 얘기하는 자리를 가져보게" 하는 중립적인 것이든 "알아듣게 따끔하게 얘기해보지 그래?" 혹은 "그런 친구는 봐주지 말고 혼을 단단히 내게" 하는 강경한 것이든 말이다.

코치로서 접근한다면 두 가지를 유의하라고 말하고 싶다. 첫째, 공감해주고 인정해주라는 것이다. 남의 험담이나 뒷담화를 늘어놓는 것은 자신이 얼마나 열심히 일하고 있는지를 알아달라는 감정의 신호 같은 것이다. 충분히 알아주고 공감해주자.

"자네가 정말 마음이 넓군. 후배가 일을 제대로 못하는데 그것을 커버해주고 참아주느라 수고가 많네."

"자기 일만으로도 벅찰 텐데 후배까지 키우느라고 고생이 많구면…."

둘째, 좀 더 큰 시각에서 이것을 바라보고 스스로 해결하도록 도와주라는 것이다.

"자네가 리더니까 골치 아픈 직원을 훈련시키는 역량을 키우는 기회로 삼고 방법을 생각해보게. 어떻게 하면 B가 제대로 일하도록 만들 수 있겠나?"

"어떤 방법이 B에게 효과가 있을까?"

"자네가 좋은 영향을 미칠 수 있는 방법엔 어떤 것이 있을까?"

"자네를 통해 B가 성장하고 달라진다면 그것은 자네에게 어떤 의미가 있겠나?"

이런 질문은 A의 시각을 크게 바꿔줄 수 있는 좋은 질문이다. 즉 A가 좋은 의도를 갖고 있는 인간임을 전제로 대화를 이끈다. 또한 어떤 상황에서도 코치는 선수를 성장시킬 기회로 연결시켜볼 필요가 있는 것이다.

한 직원은 상사가 다른 직원을 편애한다고 늘 불만이었다. 자신은 실력으로 승부하는데 그 직원은 상사의 비위를 잘 맞추고 거래처에도 살랑거려서 인정을 얻어낸다고 생각하고 있었다. 그러니 열심히 일하는 자기는 손해를 보고 있고 불공정게임의 희생자라고 생각하고 있었다.

이 직원에게 상대방에게 혹시 배울 점이 있는지 물어보았다. 얼마간 생각 끝에 그는 이렇게 말했다.

"상냥하고 사람들을 편하게 대해주는 여유가 있지요. 그에 비하면 저는 얼마나 딱딱한 인간인지 모릅니다. 물론 실력은 낫다고 생각하지만, 어떤 면에서는 저 스스로 그런 부족함을 알기에 오히려 어깃장을 놓듯이 말한 점도 없지 않아 있는 것 같습니다."

본인의 자각이 이 정도면 사실은 굉장한 성장을 향해 나아가는 것이다. 문제는 이런 자각을 이끌어내는 데는 깊은 공감을 통해 그가 방어하거나 가면을 쓸 필요가 없는 관계를 형성해야 한다는 것이다. 이것이 정서적인 코칭의 환경이라 할 수 있다.

피드백은
상사의 전유물?

　회사원 세 명이 점심을 먹으러 사무실을 나와 걸어가고 있었다. 한 사람이 우연히 길가에 버려져 있던 램프를 발로 걷어찼다. 그러자 놀랍게도 램프의 요정이 나왔다. 요정은 세 사람에게 소원을 들어줄 테니 하나씩 말하라고 했다.

　첫번째 사람은 "나는 큰 부자가 되어 아름다운 섬의 근사한 해변에서 칵테일을 마시며 선탠을 하고 싶다"고 했다. 요정은 바로 그의 소원을 들어주어 그는 눈앞에서 사라졌다. 두번째 사람은 "나도 저 사람과 똑같이 해주되, 다만 내 옆에는 아름다운 여자까지 있게 해달라"고 했다. 말을 마치자 그도 즉시 사라졌다.

램프의 요정이 마지막 사람에게 물었을 때 그는 이렇게 소원을 말했다. "방금 사라진 두 녀석을 도로 데려와서 내 자리에 앉혀놓아 주세요!" 그는 두 사람의 상사였던 것이다.

심술궂고 센스 없는 상사를 비꼬는 농담이 이것말고도 얼마나 많은지 모른다. 이런 농담이 많다는 것은 직장인들이 상사로 인한 스트레스를 많이 받는다는 사실을 보여주는 것일지도 모른다.

그렇다고 상사로 인한 스트레스가 모두 상사들 탓이기만 할까? 그렇다고 생각하지 않는다. 상대방이 명백하게 힘의 우위에 있는 관계 그 자체가 사실은 스트레스 상황이고, 그 위력 앞에서 자신의 목소리를 제대로 못 내는 데서 오는 무력감이 문제를 더한다면 지나친 말일까. 자존감의 상실, 무력감 같은 것은 누구에게나 큰 스트레스 요인이다.

기업 간부들에게 코칭을 가르칠 때 자주 받는 질문 중 하나가 "상사에게도 코칭할 수 있습니까?"라는 것이다. 또 "정작 코칭이 필요한 것은 우리 상사입니다" 하는 말도 자주 듣는다.

사실 상사를 코칭하는 일도 가능하다. 상대방의 입장에 서서 그가 가진 목표를 달성하거나 과제를 해결하도록 지원하는 것이 코칭인데, 상사라고 코칭 못할 까닭이 없지 않은가.

IT기업에 근무하는 어느 팀장의 경험담이다.

코칭교육을 받고 돌아갔더니 상사인 임원이 "팀원들이 업무를 더 열심히 하도록 잘 좀 코칭해봐"라고 했다. 순간 '우리 팀원들에 대해 바라는 점이 있구나!' 하는 생각이 들어서 나중에 수첩을 들고 가서 "저희 팀에 대해 의견이 있으십니까?" 하고 문제라고 느끼는 점을 구체적으로 알아보았다. 임원은 팀원 한 사람 한 사람에 대하여 느낀 점을 말했고 이 팀장은 "그럼 그들이 어떻게 하면 좋겠습니까?"라고 질문을 했다.

임원은 "더 적극적으로 업무에 임하는 자세를 보여달라", "발표 스킬을 좀 높여달라"는 등의 주문을 했다. 그런데 이것은 팀장이 프로젝트 리더로서 팀원들에 대해 생각해왔던 내용과 정확히 일치했다.

팀장이 프로젝트 계획을 보고한 후 다른 요청사항은 없는지 질문하자 임원은 프로젝트 기획과정에서 당부할 점과 기대하는 점을 구체적으로 설명했다. 대화를 마치기 전에 팀장이 받아 적은 내용을 정리하며 확인했더니 임원은 아주 만족해하며 잘해보자, 필요한 게 있으면 언제든지 말하라고 했다.

팀장은 이 대화가 커다란 전환점이 되었다. 평소에 상사의 불만사항이나 조언을 들으면 대체로 변명을 해오던 대응방식에서 자신이 주도적으로 의견을 구하고 어떻게 실행하겠다는 것까지 상사와 일치를 본 것이 신뢰와 자신감을 키워주었다. 그는 상사의 요구가 아주 분명해지자 팀원들을 이끌 방향에 힘을 실을 수 있었고, 이것은 조직을 한 방향으로 정렬하는 효과를 가져왔다.

팀장은 상사에게 코칭 접근법을 훌륭하게 사용한 것이다. 임원이 '팀원들 잘 코칭해봐'라고 했을 때 의례적인 말로 넘겨버리지 않고 그 말 뒤에 있는 맥락을 파악하려 한 점, 막연하게 추측해버리지 않고 주도적으로 필요한 질문을 던진 점, 그런 분위기에서 대화가 애매하게 끝나게 놔두지 않고 내용을 정리하여 실행계획까지 마무리한 점, 상사의 지원을 얻어낸 것, 이 모두가 훌륭한 시도였다.

상사와의 관계에서 일상적으로 문제가 되는 것 중 하나가 '긴장'이라고 할 수 있다. 특히 직급 높은 상사 앞에 가면 얼어붙어서 아주 피동적인 상태가 되기 쉽다. 평소에 생각이 있었음에도 아무 의견도 내지 못하고 끄덕거리고 말거나 과민해져서 성급하게 변명을 하는 경우가 많다. 그 결과 자신을 희생자처럼 느낀다.

그러나 상사도 결국은 욕구를 가지고 있는 이해당사자일 뿐이다. 애매하게 추측하지 말고 구체적인 질문을 통해 그의 욕구를 파악해보라. 여유 있게, 중립적인 언어로 상사와 어떻게 그가 원하는 바를 실현시킬지를 상의하라. 당신은 상사와 함께 일하며 시너지를 낼 파트너이지 어른한테 혼날까 봐 전전긍긍하는 어린아이가 아니다.

티칭할 때와 코칭할 때

직원을 성장시키기 위해서는 티칭과 코칭이 모두 필요하다. 그래서 상사는 티칭할 때와 코칭할 때를 잘 구별할 줄 알아야 한다. 직원의 발전을 위해서는 코칭 못지않게 적절한 트레이닝과 교육이 필요하다. 특히 책이나 매뉴얼을 통한 지식 습득이 아닌 현업훈련OJT은 실제 업무역량을 키우는 데 매우 중요하다.

가르칠 때는 분명한 가이드라인을 주고 프로세스와 지침에 따르도록 훈련시켜야 한다. 이것이 제대로 되지 않으면 업무의 혼란을 가져오고 생산성도 떨어진다. 어떤 직원들은 상사가 분명한 가이드라인을 알려주고 지키도록 요청하지 않기 때문에 그 상사를 존경할 수 없다고 말한다. 물론 그것을 챙겨달라고 먼저 요구하는 직원은 거의 없다. 알아서 하도록 맡겨두는 상사 밑에서 일하는 것이 자율적인 것 같고 더 편하기 때문이다. 그러나 막연하나마 그들은 무엇인가 결핍되어 있다고 느낀다.

가르칠 때는 마감일을 정하고 구체적으로 내야 할 성과가 무엇인지를 명확하게 알려주어야 한다. 또 일이 완수되지 못할 사유가 있을 때는 반드시 보고를 하여 다음 지시를 따르도록 해야 한다. 이러한 일련의 규율은 성과를 위한 훈련면에서 매우 중요하다.

규율이 필요하다는 말이 곧 코칭이 필요없다는 뜻은 아니다. 오히려 규율 속에서 훈련이 될 때 자율성과 창의성을 최대한 끌어내는 코칭이 더 빛을 발하게 된다. 모든 문제를 코칭으로 풀 수도 없고 모든 상황에 코칭만을 적용할 수도 없다. 다만, 코칭을 한다고 해서 책임소재가 불분명해지거나 달성되지 않은 성과를 방치하는 것은 아니다. 그것은 코칭을 오해하는 데서 비롯된 것이다. 코칭을 하면 오히려 직원은 자신의 성과에 더 큰 책임을 갖게 된다. 지시하는 상사 밑에서는 '시키는 대로 하고 결과는 상사가 책임지는' 것이지만, 코칭을 받고 스스로 결정하여 움직이는 것은 자신이 그만큼 책임을 져야 한다는 뜻도 된다.

직원을 훈련시키기 위해 어떤 경우에는 훈련티칭을, 어떤 경우에는 코칭을 선택할 것인지는 상사가 나름대로 판단해서 적용해야 한다.

Chapter 4

더 큰 결과를 내는
기적의 호응

사람은 알아주는 만큼 큰다

　예전에 직장인들을 대상으로 한 설문결과가 보도된 적이 있었다. 직장인들에게 '직장에서 가장 듣고 싶은 말'을 알아봤더니, 1위는 '수고했어, 역시 자네가 최고야'라는 말이었다. 2위는 '이번 일은 자네 덕분에 잘 끝났어', 3위 '괜찮아, 실수할 때도 있는 거야', 4위 '오늘 내가 한잔 살게' 순이었다. 대부분의 직장인이 가장 듣고 싶어하는 것은 무엇보다 상사로부터의 인정의 말인 것이다.

　그러나 칭찬에 인색한 문화에서 자라고 훈련된 탓에 상사에게는 이것이 그리 쉽지가 않다. '쑥스럽고 어색하고 입에 발린 말 같아서…'라거나 '그걸 꼭 말로 해야만 아느냐?'라는 알아서 헤아리길 기대하는

형, '칭찬할 게 있어야 칭찬하지'라는 인색형 상사까지, 흔쾌히 인정이나 칭찬을 못하는 갖가지 이유가 있다.

코치형 리더가 되려면 상대방을 진심으로 인정해주고 수용해줄 수 있어야 한다. 그러기 위해서는 '사람은 누구나 인정을 필요로 한다'는 사실을 인식해야 한다. 아이들도 부모도, 직원들도 상사도, 젊은이도 노인도, 심지어 학자나 대통령도 마찬가지다. 간혹 인정과 칭찬의 의미가 간과되기도 하지만 진심에서 우러나는 인정만큼 긍정적인 변화를 강화시키는 것도 없다.

잘못했을 때 크게 질책하는 접근법보다 잘했을 때 진심으로 인정해주는 것이 왜 더 효과적인가? 인정은 자부심을 심어주고 자신의 행동에 대한 책임감을 높여주기 때문이다. 몇 년 전 베스트셀러가 되었던 책처럼 '칭찬은 고래도 춤추게 한다'지 않는가.

반대로 질책을 하면? 질책을 받으면 반감을 갖게 되고 자신감이 줄어들고 위축되며 질책의 대상이 되었던 업무나 행동을 되도록 회피하고 싶어진다. 일을 회피하면 더 안 하게 되고 그러면 그 일은 더더욱 못하게 되는 결과를 가져온다.

의식적으로 칭찬을 하려고 많은 노력을 하는 분의 이야기를 들었다. 그는 매일 오른쪽 바지주머니에 동전 다섯 개를 넣고 출근한다고 한다. 그러고선 한 번 칭찬할 때마다 동전을 하나씩 왼쪽 주머니로 옮겨놓았다. 하루를 끝낼 때까지 오른쪽 주머니의 동전을 모두 왼쪽 주머니로 옮기기로 결심을 하고 꾸준히 실천을 해왔는데, 어느 순간 일터의 분위기가 크게 바뀌더라는 것이다.

자녀를 키우는 데도 마찬가지다. 큰아이가 축구를 잘하게 된 계기는 아주 사소한 데서 출발했던 것 같다. 아이가 초등학교 2, 3학년 때 운동회를 가보니 달리기를 잘하는 편이었다. 아주 빼어나게 잘하는 수준이라기보다는 다섯 명이 달리든 열명이 달리든 1, 2등으로 들어올 정도는 되었다. 우리는 그것을 충분히 인정을 해주었다. 친척들 앞에서 얘기할 때도 "달리기를 잘해요"라고 하고, 남들에게서 "축구를 하면 잘할 것 같다"는 말도 종종 듣게 되었다. 그러다가 학교에서 축구를 할 계기가 생기자 아이는 조금 자신 있게 생각을 하는 것 같았다. 조금 지나니 아이는 축구 코치님이 함께 축구할 아이들을 모집한다며 하고 싶다고 했다. 코치님과 함께 남들보다 축구를 더 자주 하게 되니 당연히 보통아이들보다는 조금 더 잘하게 되었다. 아이들 사이에서 어느새 '쟤는 축구를 잘하는 아이'라는 말을 듣게 되었고 그러자 축구를 더 자주 하게 되었다.

이렇게 기량이 늘어가다가 6학년이 되어서는 지역에서 뽑혀 일본으로 친선경기까지 가게 되었다. 인정의 선순환 효과가 낳은 결과다.

또 한 가지, 부모로서 아이들을 키우면서 느낀 것 중 하나는 아이에게는 자신을 인정해주고 알아주는 단 한 명의 친구가 매우 중요하다는 사실이다. 그 친구로 인해 정서적인 안정을 얻고 자신이 다른 사람에게 기쁨을 줄 수 있는 괜찮은 존재임을 깨닫게 되지 않던가. 사실 아이에게는 세상 사람 모두가 나를 알아줄 필요는 별로 없는지 모른다. 다만 가까이에서 나를 알아주는 그 한 명의 존재가 자신의 성장과 발달에 꼭 필요한 것이다.

젊었을 때 읽었던 헤겔은 자신에 대한 확신을 하고 있는 나의 의식은 아직 진리가 아니라고 말해주었다. 이 확신이 진리이기 위해서는 타자에게 이것이 확장되어야 한다. 타인의 인정이 필요한 것이다. 쉽게 말하면 남이 나를 미인으로 알아주었을 때 비로소 나는 미인이 되는 것이고 남이 나를 천재로 알아주었을 때 나는 진정 천재가 되는 것이다.

인정받고 싶은
코치의 욕구는 어떻게?

정말 잘된 코칭은 어떤 것일까? 코칭으로 뛰어난 성과를 얻게 되었을 때 코칭 받은 사람은 그것을 온전히 자신의 산출물로 여긴다. 물론 코치(상사)에게 감사하다고 하겠지만, 그 성과를 내기까지 코치가 어떻게 코칭했는가를 세세히 기억하기보다는 그 과정에서 자신이 낸 결론과 실행이 전부인 것처럼 간주한다.

이는 코칭의 프로세스상 어느 정도 당연한 일이기도 하다. 코치는 계속 상대방이 스스로 정리하고 해결책을 찾도록 돕기 때문이다.

코칭으로 달성한 성과를 온전히 자기가 한 것으로 느끼게 되는 상태, 그것이 결과적으로는 정말 잘된 코칭이 아닐까? 물론 코치도 자신이 기여한 바를 인정받고 싶은 욕구가 생길 수 있다. 그렇지만 코칭이란 본래 상대방 중심의 프로세스이므로 그런 에고를 버리는 것이 좋다.

만약 거꾸로 코칭 받은 사람이 모든 공을 자신의 코치(상사)에게 돌리면서 자기가 한 것이 없다고 여긴다고 생각해보자. 진정한 의미에서 잠재력이 발휘되는 것을 보고 싶은 코치라면 상대방의 그런 의존적인 태도에 실망할 것이다.

건강한 자부심을 가져라

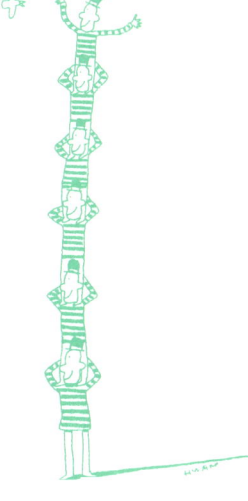

　종종 인정과 칭찬의 중요성을 얘기하면 상사들로부터 "인정이 좋은 건 알겠는데, 그러다가 정말 자기가 대단하다고 착각하면 어떡합니까? 진짜 자기가 잘난 줄 알고 주제 파악을 못하게 되지 않나요?"라는 웃음 섞인 질문을 받게 된다.

　자기 인정이 넘치면 부족함을 모를 것이라는 이 우려의 밑바닥에는 자기 인정과 겸손을 대립적인 것으로 보는 시각이 깔려 있다. 즉 겸손한 사람은 자기 인정을 잘 못하고, 거꾸로 자기가 괜찮은 사람이라고 생각할수록 자기가 부족하다는 것을 깨닫지 못하지 않겠느냐는 우려가 깔려 있는 것이다.

그러나 직무적합성 진단도구인 해리슨 어세스먼트Harrison Assessment를 개발한 돈 해리슨 박사는 인간은 양면을 동시에 추구할 수 있는 통합적인 존재라는 관점에서 패러독스 모델을 제시한다. 마치 음과 양이 함께 존재하듯이, 사람들은 자기가 괜찮은 사람이라고 충분히 인정하면서 동시에 자기 개선을 위해 부족한 면을 자각할 수 있다는 것이다. 그리고 자기 인정과 자기 개선의 양 축이 모두 높을 때 비로소 우리는 '건강한 자부심'을 가지게 된다고 한다.

해리슨 박사는 자기 인정과 자기 개선을 X와 Y 두 축으로 하는 4분면의 패러독스 모델로 자신의 이론을 설명한다. 자기 인정은 높고 자기 개선이 낮은 1사분면, 자기 인정과 자기 개선이 동시에 높은 2사분면, 자기 인정은 낮고 자기 개선이 높은 3사분면, 자기 인정도 자기 개선도 둘 다 낮은 4사분면이 그것이다. 자기가 뭔가 부족한 존재이고 개선이 필요하다고 느끼는 것이 강하면서 자기 인정이 부족하면 사람들은 자기 비판적으로 된다. 거꾸로 자기가 잘났다고만 생각하고 개선의 필요를 모르는, 즉 겸허하지 못한 사람은 상당히 방어적인 태도를 갖게 된다. 해리슨 박사의 이 이론은 코치로서의 나의 역할에 명쾌한 관점을 제공해주었다.

코칭을 하면서 너무나 똑똑하고 많은 능력을 갖추었으면서도 내면에서는 혹독할 만큼 자기 비판을 하고 있는 리더들을 많이 보아왔다. 자신의 장점을 충분히 인정하지 못하고 항상 자신을 채찍질만 하다 보니, 자기 감정을 억누르는 데 익숙하고 정말 자신이 원하는 내면의 소리에 귀를 기울이지 못한다. 코치로서 가장 안타까운 순간이기도 하다.

사실보다 중요한 것은
사실에 대한 인식

   10년 전, 한 조직에서 중간관리자로 근무할 때였다. 경력 3년차 정도의 한 직원이 나에게 부서를 옮기고 싶다고 자주 말해왔다. 그녀는 편집디자인 일을 하고 있었는데, 디자인이라는 창의적 일을 하는 데 한계를 자주 느낀다면서 차라리 제작관리 일을 하고 싶다고 했다.

   업무 프로세스상 편집이 완료되면 그후의 공정은 제작관리팀이 맡고 있었다. 자신은 편집과 제작을 연결시키는 일을 해왔기 때문에 제작업무에 대해서 잘 알고 있고 힘든 일이지만 자기 스타일에 더 맞을 것 같다고 했다. 또 친하게 지내는 제작관리 팀장이 잘 지원해줄 수 있을 거라고 기대하는 것 같았다. 회사 입장에서도 괜찮은 변동이었다.

그 기회에 좀 더 실력 있는 편집 디자이너를 새로 채용할 수도 있고, 제작 관련 사고가 빈발하던 차였으므로 그녀가 투입되면 좀 더 안정적으로 변화시킬 수 있을 것이라고 판단했다.

몇 달 뒤 우리는 그녀의 바람대로 부서를 옮겨주었다. 그런데 그녀가 보인 반응은 정말 놀라웠다. 좋아하긴커녕 아예 회사 한 구석 회의실에 가서 오후 내내 펑펑 울고 있었다. 친한 직원이 와서 전하길, 그녀는 이 부서이동 때문에 회사를 그만둘까 생각한다는 것이었다.

"아니, 분명히 자기 입으로 옮기고 싶다고 여러 번 얘기해놓고 발표를 하니까 이렇게 어깃장을 놓으면 나는 어쩌란 말이야."

도대체 무슨 변덕인가? 그녀에게 가서 직접 얘기를 들어보았다. 그러자 눈물을 흘리면서 하는 얘기인즉, 자신의 편집디자인 능력이 떨어진다고 평가해서 제작팀으로 좌천시키는 것 아니겠느냐면서 후배들도 있는데 창피해서 회사를 다닐 수가 없다는 것이다. 오 마이 갓!

나는 당황스러울 뿐 무엇이 잘못되었는지를 알 수가 없었다. 사람의 마음이란 쉽게 상하는 여름 나물이거나 어디로 튈지 모르는 탁구공 같은 것인가 보다 생각했다. 나는 "이게 네가 원하던 거였잖아? 제작부서로 가고 싶다면서?"라는 말만 되풀이했다.

그렇게 해프닝을 연출했던 그녀는 회사를 그만두지 않았고 얼마 뒤 제작관리팀으로 옮겨갔다. 그 이후 제작팀에서 씩씩하게 뛰어다니는 그녀를 볼 때마다 "그땐 대체 왜 그랬니?" 하고 물어보고 싶은 마음이 굴뚝같았다.

한참 후에 내가 코칭을 배우고 코칭으로 사람들을 도울 때 다시 그

장면이 떠올랐다. 그리고 무엇이 잘못되었는지를 알 수 있었다. 사람은 '사실'에 입각하기보다는 그 사실에 대한 '인식'에 기초해서 살아간다. 이것은 코칭 교과서에 나오는 말이다. 그렇기 때문에 똑같은 일도 어떤 맥락에서 이해하느냐에 따라 완전히 다른 의미를 갖게 된다. 마찬가지로 사람들은 결정 그 자체보다 그 결정에 대한 해석을 더 중요하게 생각한다.

사람들은 존중받고자 하는 욕구가 충족될 때 건설적으로 생각하게 된다. 그런데 존중 욕구가 무시되면, 즉 상대가 나를 '하찮은 인간'으로 대하고 있다고 생각하거나 무시당하고 있다고 인식하면 상대가 얘기하고 있는 이슈는 귀에 들어오지 않는다. 즉 존중받고 싶은 욕구가 채워지지 않을 때는 그에 대한 갈급함 때문에 다른 중요한 의제나 당위가 있더라도 그의 귀에 들리지 않는다.

그래서 존중감은 '심리적 산소'로 비유된다. 산소가 부족한 상황에서 맛있는 음식이 무슨 의미가 있는가? 금은보화가 눈에 들어오겠는가? 어떤 이슈에 대해 진정으로 소통하기 위해서는 먼저 상대를 충분히 존중하고 인정해주어야 한다. 그럴 때 그는 비로소 나와 이슈에 대해 건설적으로 논의할 준비가 되는 것이며, 그것이 잘 갖춰져 있을 때 일에 헌신하는 분위기로 나아갈 수 있다.

다시 생각해보니 그 당시 나는 무척 사무적으로 부서이동 결과만 발표했다. 그 결정이 그녀와 조직에 어떤 유익함을 가져다줄 것인지를 분명하게 설명하지도 않았고, 그녀가 업무에 적합한 재능과 의욕을 갖고 있음을 인정해주는 표현도 없었다. 산소가 결핍되어 그걸 원하는 그녀에게 나는 "네가 원하던 결과가 그거 아니냐?"는 다그침으로 대응한 꼴이었다.

이와 전혀 다르게 대응한 경우가 있어 여기에 소개한다.

어떤 관리자가 한 직원의 업무를 전환시킬 일이 있었다. 회사에서 기대하는 수준의 성과를 내지 못한 것이 부서이동의 사유였다. 경영진에게도 당사자에게도 명백한 사실이었다. 경영진은 부서전환을 시키면서 사회생활 경험이 적은 그 직원이 이 조처를 통해 뭔가를 배우기를 바랐다.

경영진은 전 직원 앞에서 그가 새로 맡는 업무에 적합한 사람이고 그 일을 잘 발전시키리라는 기대를 가지고 있다고 발표했다. 박수 속에 출발하는 분위기도 좋았고 심지어 그는 축하인사까지 받았다. 물론 사람들 중에는 그 부서이동의 맥락을 알고 있는 사람도 없지 않았지만, 많은 직원의 격려 속에 그는 기분 좋게 새출발했다.

많은 사람 앞에서 자신이 어떻게 보이는가는 그 속에 감춰진 진실보다 더 중요하게 작용할 수도 있다. 평판, 사람들이 갖고 있는 자기에 대한 인식은 곧 사회적 생명이라 하지 않는가. 그것을 존중해주고 그 사람의 명예를 살려주는 일, 이것을 나는 한때 조작적인 것으로 생각한 적이 있었다. 억지로 그에 대한 예의를 갖추기 위해 위선적인 말을 하는 것이 아닐까 하고. 그러나 그렇지 않았다. 거기에는 실제로 엄청난 잠재력을 내면에 갖추고 있는 한 인간에 대한 좀 더 깊은 이해가 필요할 뿐이었다.

축하 속에 새로운 업무를 시작한 직원은 평소보다 오히려 더 밝은 표정으로 신나게 일을 해나갔다. 개인의 성격이 작용했다고 할 수도 있겠지만, 자기 존중감을 상사가 얼마나 충족시켜주느냐는 이렇게나 큰 차이를 낳는다.

Your best friend is yourself

몇 년 전 어떤 워크숍에 참석했을 때 한 퍼실리테이터의 말 한마디가 가슴에 와 꽂혔던 경험을 했다.

"Your best friend is yourself."

바로 이 말이었다. 내 가장 좋은 친구는 나 자신이라고? 원래 부족한 사람이기도 하거니와, 생각하는 기준만큼은 항상 높았기 때문에 그 높은 기준을 가지고 자신을 질책하는 데 익숙한 나에게 그 말은 굉장한 울림이 있었다. 아마 마음 깊은 곳에서 올라오는 위안, 누군가에 기대어 맘껏 울고 싶었던 어떤 감정을 자극했던 것 같다. 그 워크숍에서 배운 다른 내용은 이제 까맣게 잊어버렸지만 나의 내부에 어떤 전환을 가져왔던 그 한 문장은 마음속 깊이 각인되어 그 이후로 나는 나 자신에 대한 태도면에서 좀 변화되었던 것 같다. 내가 나를 돌보아주고 귀 기울여주지 않으면서, 내 스스로 나를 귀하게 대접하지 않으면서 남들의 인정을 구해온 것은 아닌가? 어떤 면에서는 남들보다 더 내가 나를 질책하고 위축시켜온 면이 분명히 있었다.

그후로 나는 종종 마음속으로 자신을 인정해주고 북돋우는 말을 스스로에게 하는 편이다. 아침 출근길에 운전할 때나 사색을 하게 될 때, 나를 되돌아볼 때 자신을 인정하려고 노력한다. 재미있는 것은 자신을 스스로 인정해주면 남의 칭찬이나 인정에 연연하는 정도가 좀 낮아진다는 것이다. 이것은 매우 의미심장한 현상이다. 보통 인정을 타인에게서만 구하려 들 때 우리는 마음 깊은 곳에서 의존적인 태도를 지니게 된다. 내가 가치 있는 인간이라는 것을 타인에게서 승인받기 위해 끊임없이 타인의 기준에 부합하도록 노력하면서 자신의 목소리를 잃어버릴 수 있는 것이다.

굳이 남이 알아주지 않아도 스스로가 자신이 잘한 것, 노력한 것, 배운 것 등에 대해 인정해준다는 것은 정말 마음속에 베스트 프렌드를 갖고 있는 것과 같다. 정서적으로 훨씬 독립적이고 주도적인 사람이 될 수 있는 자원을 갖게 되는 것이다.

다른 사람을 칭찬하는 것이 기술이라면, 자기 자신에 대한 인정은 하나의 삶의 태도라고 말하고 싶다. 나의 가장 좋은 친구인 자신을 들여다보라. 미래에 대한 확신이 없이 우울한 상태인가? 구겨진 체면과 자존심으로 상처를 입었는가? 화가 나 있거나 토라져 있는가?

가장 좋은 친구로서 그를 따뜻하게 돌봐주어라. '내 안에 있는 그'에게 '그가 괜찮은 사람인 이유'를 들려주어라. '남들이 미처 보지 못하였지만 그가 지닌 빛나는 한 구석'을 알려주어라. 또 '그에 대한 기대'도 맘껏 표현하라. 우리에게는 그런 것들이 필요하다. 유치하지 않다. 사실 이건 심각한 얘기다.

자신을 어떻게 인정해주느냐고 물었더니, 아는 분이 아주 재미있고 창의적인 한 가지 방법을 알려주었다. 그는 평소에 남에게서 칭찬 혹은 감사의 말을 들었을 때, 혹은 스스로 자랑스럽게 느꼈을 때 그것을 쪽지에 꼭 옮겨 적는다. 그리고 그것을 접어서 거실 입구에 있는 유리 항아리에 넣는다고 한다. 그렇게 두었다가 어느 날 우울해지거나 자신이 초라해질 때, 일이 안 풀릴 때는 집에 들어오면서 그 항아리에서 손에 잡히는 쪽지를 두어 개 읽어본다는 것이다. 이 작은 행동은 부정적이고 무력한 기분에서 빠져나오는 데 좋은 계기가 된다고 했다.

정말 창의적인 아이디어가 아닌가? 자기 자신을 돌보고 귀하게 대접할 수 있을 때, 우리는 남들에게도 그렇게 대할 수 있다. 직원들에게 화를 많이 내는 경영자치고 자기 자신에 대해 너그러운 사람은 별로 본 적이 없다. 오히려 자기 자신이 부족하다고 느끼고 내적으로 질책을 하고 있기 때문에 직원들의 부족함이 더욱 참을 수 없게 다가오는 것이다. 그래서 그런 분들에게 필요한 것은 '직원들을 이해해주고 너그럽게 배려하라'는 피상적인 처세술이 아니다. 자기 자신을 용서해주고 긍정적으로 대하는 마음을 갖게 되면 대인관계는 반은 풀린 셈이나 마찬가지다. 이분들에게 나는 코치로서 요청한다. 자신의 내면에서부터 자신을 인정하는 훈련을 시작하시라고.

때때로 코치들은 '셀프 코칭'이야말로 코칭의 가장 높은 단계가 아니겠느냐고 말한다. 코치가 정말 완숙한 경지에 이르면 자기 자신을 코칭할 수 있다는 것이다. 물론 너무 높은 단계라고 경계를 그을 필요는 없지만, 우리가 자기 자신을 코칭할 수 있을 때 훨씬 성숙한 자아를 만날 수 있는 것은 사실이다.

셀프 코칭으로 가려면 어떻게 해야 할까? 코칭의 일반적인 원리를 자기 자신에게 적용하는 것이다. 우선 자기 내면의 소리를 잘 경청해야 한다. 무엇을 원하고 있고 무엇이 결핍되었다고 느끼는지, 신이 나게 하는 것은 무엇이고 무엇 때문에 풀이 죽게 되는지. 그러고 났을 때 자신에게 의미 있고 중요한 질문을 던질 수 있다. 가장 강력한 질문은 내면에서 나오는 자신에 대한 질문일지도 모른다. 그럼으로써 시각을 바꾸어 사물을 바라볼 수 있다면, 또 자신을 충분히 인정하고 칭찬해 줄 수 있다면 그것이 바로 셀프 코칭의 시작이다.

코치의 윤리강령 제1조
'비밀보장'

코치가 코칭 내용을 비밀에 부쳐야 한다는 것은 코치 윤리강령의 핵심이다. 대화를 시작할 때 상대방에게 '비밀보장' 약속을 확실하게 알려주어야 한다. 그래서 상대방이 안심하고 어떤 얘기든 할 수 있는 안전한 분위기를 만들어야 한다.

직장에서 상사로서 코칭하는 경우에는 완전한 비밀유지가 어려울 수도 있다. 하지만 그런 경우에도 기본적으로 대화의 내용은 비밀로 해야 한다. 특히나 민감한 사항은 더더욱 주의를 기울여야 한다. 어느 누구도 상사와 나눈 대화 내용이 다음 날 다른 동료의 입을 통해 나오는 것을 듣고 싶어하지 않을 것이다. 만에 하나 그런 일이 생기면 직원은 더 이상 상사를 믿지 않을뿐더러 멀리하게 된다.

직장에는 회사정책이나 회사의 윤리규정 등 지켜야 할 규범들이 있다. 이런 것과 배치되지 않는 범위에서 직원이 안심하고 모든 이야기를 꺼낼 수 있는 분위기를 조성해야 한다. 불가피한 이유로 공개해야 할 필요가 있을 때에는 반드시 상대방에게 얘기해주어야 한다. 어떤 경우에 어느 정도로 내용이 공개될 수 있는지를 미리 알게 하고 동의를 구해야 한다.

03

서로 다른 것들의 조화와 성장

조직을 바꾸는 코칭

Chapter 1

혼자일 수 없는 나
조직문화 만들기

내 아이도 보내고 싶은 회사로 만든다

 몇 년 전 미국 출장을 갔다가 큰 회사에서 최고의 성과를 올리는 한 지역 지부의 책임자를 만나 대화를 하게 되었다. 마음씨 좋고 덕성 있어 보이는 아주머니 같은 이 여성 리더의 얘기는 여러 가지로 도움이 되었는데, 그중에서 가장 인상적이었던 것은 그가 이끄는 조직의 모토였다.

 '우리 아이들을 다니게 하고 싶은 회사를 만든다'가 그 지부의 모토라는 것이다. 직원들이 모두 참여하여 여러 번 토론한 후에 나온 결론을 이 한 문장으로 요약했다고 한다.

 나는 그 표현이 정말 놀라웠다. 어떤 다른 설명이 필요없는 완벽한 표현이지 않은가! 우리 아이를 취직시키고 싶은 회사라면 급여, 대우, 기업문화가 어떠하겠는가. 얼마나 일하기 좋은 기업이겠는가. 조직문화를 만들어가려는 그들의 애정과 헌신이 이보다 더 잘 드러날 수 있을까.

기업의 가치는 매출액이나 순이익 같은 외형적인 것도 있지만, 그곳에서 일하는 사람들의 입장에서 얼마나 괜찮은 직장인지를 따지는 것도 중요한 지표이다. 그중 하나가 '일하기 좋은 기업'의 개념이다. 미국 〈포춘〉지는 1998년부터 해마다 '일하기 좋은 기업 100'을 발표해오고 있다.

그 이론적 토대를 제공한 사람은 로버트 레버팅 박사로서 '기업 내에서 가장 중요한 자산은 바로 직원'이라는 관점에서 '일하기 좋은 기업'을 정의한다. 직원 관점에서 일하기 좋은 직장이란 상사와 경영진을 신뢰하고 일에 자부심을 느끼며 재미를 느낄 수 있는 기업이라고 한다.

한번은 혁신과 윤리경영, 사회봉사를 실천하기로 유명한 유한킴벌리의 간부를 초대하여 이야기를 들었다. 〈아시안 월스트리트 저널〉에서 선정하는 '아시아에서 가장 일하기 좋은 직장' 조사에서 한국 내 1위로 뽑혔던 회사다.

유한킴벌리는 직원의 만족도뿐 아니라 다른 사람에게 기꺼이 이 회사를 추천하겠는지의 질문에 동의하는 정도를 대단히 중요한 지표로 삼는다고 말했다. 지인이 "너희 회사 어떠냐?" 하고 물었을 때 사람들의 대답은 여러 가지일 수 있다. "여기 별로야. 뭐 이런 데 들어오려고 그러냐?"는 실망스러운 대답을 할 수 있다. "할 수만 있다면 꼭 들어와라. 여기 참 괜찮은 회사야"라고 직원이 말할 수 있다면? 다니는 사람이 그렇게 말한다는 건 생각보다 쉽지 않으며 그렇기 때문에 그만큼 의미 있는 지표가 된다.

한국리더십센터에서도 순추천고객지수 NPS라는 지표를 측정한다. 외부고객에게는 '이 교육(제품)을 다른 사람에게 추천하시겠습니까?'라는 질문에 대한 답이 가장 큰 지표가 된다. 또 내부고객인 직원들에게는 '우리 회사를 다른 사람들에게 추천하시겠습니까?'라고 물어본다. 이것을 수치로 측정하고 개선하는 것을 조직의 중요한 목표로 삼아 꾸준히 노력하는 것이다.

어떻게 하면 일하기 좋은 기업을 만들 수 있을까? 〈포춘〉지에서 선정한 일하기 좋은 기업에 연속 1위로 꼽힌 미국의 투자금융사 에드워드 존스는 인건비의 3.8퍼센트를 교육비로 책정하고 있으며, 1인당 교육시간이 146시간에 달하고(미국 평균은 27시간에 불과), 회사지분의 25퍼센트를 직원들이 소유한다. 이것은 직원들을 성장시키는 데 대단한 열정을 가지고 있다는 의미로서 신세대 직원들의 직장 선택 기준에 최상위로 랭크되는 '많이 배우고 성장할 수 있는 곳'이라는 항목과 일치한다.

그 밖에 일하기 좋은 기업 가운데 상위 기업들의 특징은 해고가 없거나 아주 적으며 직원들간의 커뮤니케이션이 매우 활발하고, 보험·연금·휴직제도 등 복지제도가 잘 발달되어 있으며, 직원들을 위한 포상과 파티가 대단히 많은 특징을 보인다고 한다.

경영자라면 이런 조직문화를 만드는 데 관심이 없을 수 없다. 최근에 보면 조직마다 호프데이·칭찬 릴레이·신문고제도·MVP 선발 등등 직원들의 기를 살리기 위한 다양한 제도들이 운영되고 있다. 그런데 그런 제도들이 경영자가 기대하는 만큼 효과를 거두려면 어떤 요소가 중요할까?

첫째는 조직문화 구축을 위한 노력이 일시적인 붐이나 행사에 그치지 않도록 지속적이고도 전략적으로 접근해야 한다는 것이다. 조직의 문화란 그 조직 구성원의 습성과 행동양식의 총합 같은 것이다. 개인의 습관 하나를 고치는 데도 많은 의식적인 노력과 다짐이 필요하다. 일시적으로 되는 것 같다가도 도로 과거의 패턴으로 돌아가버리는 것이 습관의 끈질긴 힘이다. 하물며 조직에서는 말할 것도 없다. 1년, 2년 등 기간을 정해 그 기간에 어떤 일들을 할 것인지를 과업으로 만들어야 한다.

둘째, 말로만 하는 '선언'에 그치지 않고 반드시 행동으로 뒷받침되어야 한다. 끈질긴 실행과정이 없이는 좋은 조직문화를 만들 수 없다. 실천이 따르지 않고 선언이나 구호로 그치는 조직문화 슬로건은 오히려 조직 구성원들이 냉소적인 태도를 갖게 할 수 있다.

마지막으로, 그런 점에서 조직문화는 그 자체로서만 존재하지 않는다는 자각이 중요하다. 복지정책·의사소통·인사제도 등 조직의 중요한 사항들이 조직문화가 지향하는 것을 뒷받침해야 한다. 그럴 때 비로소 조직이 한 방향으로 정렬될 수 있다.

즐거움,
그게 다예요

　세계 1, 2위를 다투는 유명 화장품회사의 한국지사 임원들에 관한 이야기다. 내가 아는 두 임원은 스타일이 전혀 달랐다. 한 사람은 차분한 선비형인데 영업부문 책임자인 다른 한 임원은 그야말로 선동가 스타일이었다. 그는 날마다 영업 조회에서 엄청난 열정으로 영업직원들의 사기를 높이고 목표를 달성하도록 밀어붙였다. 직원들은 카리스마 넘치는 그에게 '교주님'이라는 별명을 붙여주었다.

　어느 연말에 이 두 분으로부터 정말 놀라운 소리를 들었다. 전 직원과 함께 하는 연말 파티를 위해 사전에 두 달 동안이나 비밀리에 댄스학원을 다녔다는 것이다. 그런 대로 즐겁게 진행되던 파티장 무대에 갑자기 등장한 두 임원의 파격적인 댄스는 행사장을 완전히 흥분의 도가니로 만들었고 직원들의 그치지 않는 환호성에 행사는 다음 프로그램을 진행할 수 없을 정도였단다.

"직원들이 그렇게까지 놀라고 즐거워할 줄은 몰랐습니다. 두 달 동안 퇴근 후 춤 연습한 보람을 느꼈죠"라고 말하는 두 사람. 정말 대단한 일이다.

2년 전, 미국 프랭클린 코비사에서 열린 콘퍼런스에 참석한 때였다. 500명 정도 되는 청중은 대부분 직원과 고객들, 해외 파트너들이다. 순서 중에 "Covey Brothers!"라고 사회자가 외치자 형제인 회사 임원 두 명이 카우보이 모자를 쓰고 무대로 뛰어올랐다. 흥겨운 컨트리 뮤직을 틀어놓고 익살스런 표정으로 춤추고 부딪치고 넘어져가며 사람들을 웃기는 이들은, 말하자면 우리 코미디언 '남철·남성남' 커플 같았다. 청중은 사진을 찍어대고 박수치고 웃느라 정신을 못 차렸다.

몇 년 전 내가 속한 회사에서 창립 10주년 기념 파티를 했다. 파티를 기획하면서 생각한 것은, '어떻게 하면 그동안 고생한 직원들, 고마운 고객들에게 즐거운 자리가 될 수 있을까'였다. 내게 무슨 생각이 떠올랐겠는가. 그렇지, 예상대로 나는 그 아이디어를 내고야 말았다. 나를 포함한 세 명의 임원이 기꺼이 망가지기로 한 것이다.

우리는 완전 비밀리에 사전 연습을 했다. 당일 미리 공지 없이 머리에서 발끝까지 각설이 복장을 하고 나와 "십오야 밝은 둥근 달이 둥실 둥실 둥실 떠오르면~~" 노래를 부르며 가장 바보스럽고 가장 민망한 춤을 추었다. 직원들은 환호성을 지르고 발을 구르고 뒤로 넘어가면서 좋아했다. 나는 아직도 직원들이 찍어준 사진 속 민망한 내 모습을 똑바로 쳐다보기 어렵다. 그러나 그날 파티가 끝난 후에 오랜 고객으로부터 이런 말을 들었다.

"이런 문화는 정말 KLC니까 가능하죠. 정말 대단합니다."

내가 처음 한국리더십센터에 입사했을 때 창업자가 나를 환영해주며 한 말은 딱 한마디, "우리는 즐거운 직장을 만들고 싶습니다. 그게 다예요"였다. 그 말을 액면 그대로 받아들이기는 사실 어려웠다. 독특한 분이구나 하는 생각을 했다.

그러나 요즘 경영 컨설턴트들은 직장이 즐거운 곳이어야 하고 펀fun 이야말로 인간을 창의적이고 생산적으로 만드는 요소라는 것을 많이 강조하고 있다. 심지어 이제 CEO는 Chief Entertainment Officer의 줄임이라는 해석까지 나오는 판이다.

우리 세대가 대체로 그렇듯이 나 역시 엄한 부모님 밑에서 자랐다. 학교에선 노력을 하고 공부를 잘해야 인정을 받았다. 대학에 가서는 독재정권에 맞서 정의를 위한 분노와 두려움으로 20대를 보냈다. 그래서인지 너무 심각하고 진지해져서 재미나 즐거움은 어리석은 것과 동격으로 받아들이게 되었는지도 모른다. 특별한 목적 없이 순전히 즐겁기 위해서 하는 일이 나에게 하나라도 있었던가? 아마 조금이라도 있다면 그것들은 최근 몇 년 새에 생겨난 목록들일 것이다.

즐거운 직장이 중요하다고 해서 그렇게 망가지기까지 해야 되냐고 묻는 상사분들이 계실지도 모르겠다. 물론 그렇게까지 '해야 되는' 건 아니다. 의무가 아니다. 그냥 즐거움을 위해서 해볼 용의는 없는가?

직원들이 가장 망가지는 걸 보고 싶어하는 대상은 개그맨이 아니라 평소에 근엄하게 보이고 늘 긴장하게 만들던 그들의 상사일지도 모른다. 자, 준비되었는가?

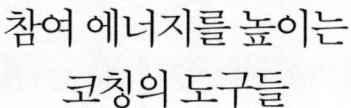

참여 에너지를 높이는
코칭의 도구들

코칭을 늘 의자에 앉아서 조용히 대화를 나누는 것으로만 한정해서 생각할 필요는 없다. 때에 따라서는 함께 화이트보드에 글씨를 쓰거나 그림을 그려가며 정리해나가기도 한다. 특히 아이디어를 내야 하거나 함께 계획을 만들어갈 때, 새로운 프로젝트의 초안을 그려볼 때 등 새로운 생각을 만들어낼 때는 이런 방법이 더욱 요긴하다. 그냥 앉아서 머릿속으로만 정리하기보다는 함께 화이트보드나 플립 차트 앞에 서서 말하면서 정리하는 것이 더욱 효과적이기 때문이다.

앉아 있을 때와 달리 컬러 펜을 들고 서 있으면 무엇이라도 빨리 생각해내서 정리하려는 마음이 더 강해진다. 즉 결과를 빨리 만들어내고자 하는 일종의 긴급성이 생겨난다.

브레인스토밍을 할 때는 먼저 아이디어를 만들어내는 데 주력하고 이를 논리적으로 분류하고 정리하는 것은 나중에 한다. 또 '나쁜 아이디어는 없다'는 전제를 두어 처음부터 실현 가능성을 지나치게 따지지 말고 모든 것을 다 내놓도록 격려한다. 또 코치도 함께 아이디어를 내고 나온 아이디어에 추가해 더 발전된 아이디어를 내는 식으로 에너지 넘치는 과정을 만들어간다.

"완전한 것이 아니고 설익은 아이디어라도 괜찮으니 한번 얘기해볼까요?"

"아하, 그렇다면 이것도 더할 수 있겠네요."

이런 방법은 앉아서 대화하는 것보다 에너지가 높고 더 즐겁고 생산적이기도 하다. 코치는 브레인스토밍을 가이드하는 방식과 도구에 대해서 잘 알아둘 필요가 있다. 아이디어를 생산하는 데는 '마인드맵Mind Map' 방식이, 문제를 정리하고 분류하는 데는 '피시본Fish bone' 방식이 유용하다. 수행해야 할 프로젝트를 작은 단위업무로 쪼개고 관리하기 위해서는 'WBSWork Breakdown Structure'를 활용한다. 한눈에 보기 좋게 정리가 된다. 이러한 도구들을 배워서 필요할 때 코칭에 활용해보자.

헝그리 정신을
강요할 수 있을까?

다른 많은 부모들처럼 나도 아이를 키우면서 더 좋은 것을 갖추어주고 더 많은 체험을 주려고 애써왔는데, 어느 날 이런 생각이 들었다. '혹시 아이들에게 필요한 것은 더 풍족한 환경이 아니라 결핍의 경험이 아닐까. 부족한 게 있어야 갖고 싶다는 강력한 욕구도 샘솟고 갖기 위해 애써 노력하지 않을까? 눈을 반짝반짝 빛내며 원하는 걸 얻기 위해 분투할 것이고 얻었을 때의 기쁨도 대단하겠지.'

우리가 수학여행에 그렇게 흥분했던 것은 여행경험이 거의 없었던 탓이거나, 역설적으로 수학여행비를 쉽게 내줄 수 없어 애를 태운 부모님 덕분이기 쉽다. 도서관과 친구 집을 기웃거려 손에 잡은 책을 밤

새워 반복해 읽은 이유도 책장에 꽂아두고 아무 때나 뽑아 읽을 여유가 없었기 때문일지 모른다.

헝그리 정신. 한국 권투가 한때 세계 타이틀을 몇 개나 보유할 수 있었던 것은 바로 헝그리 정신 때문이라는 말을 들은 적이 있다. 이제는 먹고살 만해져서 권투가 흥행이 안 된다는 말이 따라붙었던 것 같고.

조직에서도 헝그리 정신이 필요하다고 느끼는 경영자가 종종 있는 것 같다. 몸소 근검절약을 실천함으로써 모델이 되는 훌륭한 CEO들도 있다. 시가총액으로 우리나라 증시 전체보다 규모가 크다는 한 글로벌 기업의 CEO는 맥도날드 햄버거 쿠폰을 모아두었다가 그것으로 직원들에게 점심을 사주기도 한단다. 대단한 분이다. 이런 정신이 기업경영 곳곳에서 남다른 가치를 만들어내는 것이 사실이다.

문제는 정서적인 면에도 헝그리 정신을 찾는 경우다. 어느 CEO는 직원들 직급 문제에 대한 집착이 대단했다. 보통 그 경력이면 과장을 해야 하는 직원에게 대리를 붙여준다. '우리 회사에서는 다른 기업보다 한 직급 아래가 표준'이라고 공공연히 표방했다. 이유인즉, '그래도 ○○기업에서 과장 소리 들으려면 이 정도는 되어야지' 하는 일종의 자질론 때문이었다. 나름대로 엄격하게 품질관리를 한다는 의도였지만, 결과는 직원들의 사기를 저하시키는 요인으로 작용할 뿐이었다. 게다가 직원들이 느끼는 결핍감, 인정받지 못하고 있다는 자괴감은 건설적인 면으로 작용하기보다는 기회만 있으면 나를 인정해줄 회사로 옮겨가야겠다는 마음이 싹트게 했다.

직원들을 자꾸 칭찬해주면 '정말 자기 주제 파악 못하고 잘난 줄 알까 봐' 칭찬을 아낀다는 상사들도 역지사지해서 본인에게 대입해볼 필요가 있다. 과연 우리는 남들이 칭찬을 했다고 해서 정말 잘난 줄 아는 천둥벌거숭이들인가? 전혀 그렇지 않다.

이런 사고방식은 자기 중심적인 경향이 있다. 나의 필요에는 민감하면서도 남의 욕구에는 둔감하다면 공정하지 못한 것이고 공정하지 못한 것은 설득력이 없다.

제자 안연이 "덕이란 무엇입니까?"라고 질문하자 공자는 이렇게 답했다. "극기복례!克己復禮" 즉 자기 중심성을 극복하고 예로 돌아가는 것이 덕이라는 뜻이다. 여기서 예란 단순한 예의가 아닌, '사물에 있어 마땅한 이치' 정도로 해석된다. 이런 덕의 관점에서 보면 타율적인 헝그리 정신의 강요는 얼마나 부덕한 것인가?

아이에게 결핍이 필요한 것 같다는 내 생각은 일견 맞는 듯했다. 그런데 얼마 후에 정신과 의사인 후배와 대화를 나누다가 아이들이 겪는 정신적 결핍이 심각한 문제를 일으킨다는 말을 들었다. 어린아이들이 부모의 애정이나 관심 등에서 정서적 결핍이 심한 경우 식탐이나 심지어 도벽 등으로 나타날 수도 있다는 것이다. 아이들에게 음식이나 돈은 부모의 사랑을 나타내는 상징물이라는 설명을 듣자니 가슴이 아파왔다. 무슨 기준으로 결핍과 풍요를 나눌 것인가. 따져보면 우리 아이들도 부모가 집에 오지 않은 이른 저녁시간의 결핍을 이미 충분히 겪고 있지 않나 말이다.

주관적인 잣대로 헝그리한 환경을 만들려다 보면 직원이나 자녀를 조작적으로 보게 될 위험이 있다. 신뢰와 공정성이라는 정서적인 기초가 형성되어야 그것이 추진력이 되어 헝그리 정신을 건설적인 의욕으로 발전시켜나갈 수 있다.

으르렁대는 두 팀장,
누구 편을 들어야 하나

    서로 으르렁대는 두 팀장이 있었다. 한 사람은 매우 이성적이고 논리적이며 기획에 탁월하여 성과를 내는 반면, 한 사람은 감성적이고 대인관계가 뛰어나 그것으로 성과를 내었다. 두 사람이 협력하여 시너지를 내면 더없이 좋으련만 서로를 질시하고 은근히 상대를 끌어내린다. 기질만 다른 게 아니다. '이성' 팀장은 일류대학을 나온 스마트형으로 비판적인 감각이 발달한 데 반해, '감성' 팀장은 고졸 출신으로 야간대학을 나왔고 상사에 대한 충성심이 대단했다.

    밑바닥에는 서로에 대한 불신이 있었다. 한쪽은 상대가 실력이 아닌 아부와 충성으로 상사의 환심을 사고 있으니 부당하다고 보았고, 또

한쪽은 똑똑함을 믿고 설쳐대는 상대방 때문에 어려운 환경에서 열심히 살아온 자신을 부정당하는 느낌이었다. 요컨대 상대를 인정하지 않는 것이 자신을 지키는 길이라고 여기는, 묘한 역학관계가 작용하기 시작했던 것이다.

크지 않은 조직에서 중책을 맡은 두 팀장이 이렇게 견제를 하고 있으니 조직 전체가 한 방향으로 정렬될 수가 없었다. 직원들은 알게 모르게 둘 중 한 사람에게 줄을 서기 시작했고, 상대 팀장에 대한 이런저런 험담이 일상화되었다. 부정적인 에너지가 회사를 휘어잡았다. 상대에 대해 부정적인 인식을 갖게 되면 보는 것, 듣는 것 중에서도 그런 인식을 정당화하는 증거만 수집하기 마련이다. 또 이상하게 그런 이야기에만 활기가 넘친다.

정작 더 심각한 것은 이 둘을 비교하고 경쟁시키는 듯한 사장의 태도였다. 그가 문제를 더 악화시키고 있었다. 사장은 약점을 가지고 두 팀장을 비교하는 일이 잦았다.

"역시 저 팀장 없으면 안 되겠어. 그 사람 빠지니까 프레젠테이션 자료가 이렇게 형편없이 나오잖나!"

"이봐, 사람을 휘어잡는 게 최고야. 골치 아픈 거래처 사람을 그 팀장이 잘 설득했기 때문에 계약이 성사된 거지."

이 말을 당사자에게 하면 좋으련만 사장은 한 팀장이 맘에 들지 않거나 뭐라 지적할 때는 꼭 상대 팀장 얘기를 끌어다 붙였다. 뭐라 하겠는가, 그것 역시 결함 많은 자신의 에고가 시킨 일인 것을.

이런 상태가 오래 지속될 수 없는 것은 자명한 일. 사장은 어떻게 이 문제를 풀었을까? 그는 가장 쉬운 길을 택했다. 그냥 둘 중 한 사람의 손을 들어준 것이다. 가장 쉬운 방법이었지만 또한 가장 비생산적인 대책이기도 했다. 나머지 한 팀장이 회사를 그만두는 것으로 사태는 정리되었다.

그 사장은 어떤 더 현명한 선택을 할 수 있었을까? 물론 무엇보다 당사자들 스스로가 서로의 차이를 인정하고 협력하는 성숙한 태도로 나갔어야 했다. 문제는 그게 안 되는 상황에서도 사장은 이들과 일을 해야 한다는 것인데, 이런 경우에 우선 중요한 것은 한 사람 한 사람을 그 자체로서 충분히 인정하고 격려하는 일이다. 상사의 인정이라는 작은 파이를 서로에게 뺏기고 있다고 느끼는 결핍감을 해결해주어야 한다. 그리고 나서야 비로소 협력할 수 있는 심리적 기초가 형성되는 것이다.

상사가 그렇게 하려면 응당 매우 성숙한 자세가 필요하다. 직원들을 비교하거나 경쟁시키면서 자신의 이익을 취하려는 것은 비겁하고 미숙한 소치다. 사람들 각자의 강점을 보아주고 다양성을 인정하는 일, 서로의 차이를 통해 시너지를 내도록 이끄는 일, 한 사람 한 사람을 전인격체로 존중해주는 일—상사가 이런 일에 모범을 보일 때 비로소 조직문화도 성숙해진다.

뛰어난 후배를 어이할꼬?

"새로 입사한 신입사원은 영어도 아주 잘하고 일류대학을 졸업한 소위 인재입니다. 솔직히 저는 선배라고는 하지만 무엇 하나 신입사원보다 낫다고 내세울 게 없는 것 같습니다. 지시를 하고 일을 가르쳐줘야 하는 입장인데도 후배 앞에서 자꾸 주눅이 듭니다"라고 하소연해온 사람이 있었다. 나는 그가 처한 상황과 거기에서 어떻게 느끼고 있는지 충분히 공감할 수 있었다.

잘 듣고 나서 나는 그에게 이렇게 물어보았다.

"좋은 선배는 후배보다 어떤 면에서 나아야 할까요?"

"회사에서 당신에게 기대하고 있는 것은 무엇이라고 생각합니까?"

나는 그가 이 질문들을 통해 자신을 후배와 비교하고 열등감을 갖거나 질투를 하기보다는 서로의 역할이 어떠해야 되는지, 자신이 그 후배에게 무엇을 줄 수 있는지를 생각해보기를 바랐다. 뛰어난 외국어 실력과 좋은 학벌을 가진 사람은 그 후배뿐 아니라 세상에 아주 많다. 선배라고 해서 모든 면에서 후배보다 뛰어나야 하는 것은 아님을, 조직에서 요청되는 리더의 역할은 외국어 실력과는 차원이 다른 역량이고 그것은 또 아주 가치 있는 일이라고 생각하기를 바랐다.

새로 온 직원이 잘 적응하도록 돕고 지원하는 일, 사람들이 함께 협력해서 시너지를 내도록 이끄는 일, 일을 정확하게 수행하는 역량 등등은 외국어 실력이나 학벌보다 훨씬 더 큰 가치를 조직에 가져다주는 것인데도 눈에 띄게 뛰어난 후배가 등장하면서 갑자기 자신과 자신의 일이 하찮은 것처럼 여겨져 비하하는 마음이 생긴 것이다. 나보다 뛰어난 존재 앞에서는 이유 없이 자기가 보잘것없고 작아지는 느낌은 누구에게나 아주 흔한 일이다.

뛰어난 다른 사람 때문에 자신이 보잘것없어지고 괴로워지는 심정은 역설적으로 나르시시즘에 그 뿌리를 두고 있다고 한다. 사람들은 원래 나르시시스트적 성향을 타고난다. 나는 선하고 옳다는 생각, 정의롭다는 생각을 가지고 있어서 자신을 철저하게 객관화하지 못한다. 예를 들어 사람들은 자신의 성과가 좋으면 내가 잘한 덕분이라 여기고 성과가 나쁘면 환경을 탓한다. 타인이 뛰어난 성과를 올리면? 대체로 사람들은 운이나 여건이 좋았기 때문이라고 치부하고 성과가 나쁘면 그가 무능력한 탓이라고 쉽게 간주하는 경향이 있다. 아마도 인간에게 진정한 반성이 어려운 것도 이런 심리적 기제 때문이 아닐까.

문제는 이것을 인식하고 객관화할 수 있는 힘이다. 흔히 부하직원이 적당히 뛰어나면 상사가 행복한데, 지나치게 뛰어나면 상사가 스트레스를 받는다고 한다. 어떤 중견기업의 부장은 가장 뛰어난 직원인 모 과장이 공공연하게 '내 다음 목표는 부장님의 자리'라고 한다면서, 물론 웃으며 받아넘기지만 솔직히 기분은 좋지 않다고 했다. 이럴 때 부하는 잠재적 경쟁자가 된다.

뛰어난 후배, 부하직원을 둔 상사가 그 부하직원을 억누르거나 발목을 잡거나 남들 앞에서 그를 평가절하하는 것은 최악의 방법이다. 그렇게 할수록 일이 꼬이고 평판이 나빠지고 무엇보다 마음이 불편해진다. 가장 좋은 방법은 그가 빨리 성장할 수 있도록 길을 열어주고 안내해주는 것이다. 그에게 더 큰 능력을 발휘할 수 있는 업무를 맡기고 더 다양한 경험을 하면서 커나갈 수 있도록 경력관리를 도와주라. 그러면 나중에 당신은 그에게 '나를 성장하도록 도와준 괜찮은 상사'로 기억될 것이다. 만약 그를 시기심과 경쟁심으로 대한다면? 당신은 아마 현재의 상사 역할도 제대로 수행할 수 없고 조직 전체에 부정적 시너지를 퍼뜨릴 것이다.

나르시시즘은 인간을 성장하지 못하게 하는 대표적인 감정이며, 인류는 인간만이 특별하고 위대하다는 나르시시즘을 깨며 발전해왔다고 한다. 열등감 없이도 상대방의 뛰어난 점을 인정할 수 있고 자신의 약점을 솔직히 대면할 수 있다면, 아마도 그 사람은 삶을 살아가는 데 필요한 자기 중심을 잘 잡은 사람이라 할 것이다.

자신있는 회사는
떠난 직원도 환영한다

　어느 회사에서의 경험이다. 함께 일하다 퇴사한 직원이 이런저런 이유로 회사를 찾아오는 일이 있었다. 어떤 친구는 보험설계사가 되어 나타나서 직원들에게 보험 가입을 권유했고, 출산과 육아 부담 때문에 그만두었던 여직원은 아기를 안고 나타나서 직원들의 환대를 받기도 했다. 몇 년간 소식이 없다가 불쑥 전화를 걸어오거나 점심시간에 약속을 하고 회사 근처로 오는 직원도 있었다. 그러다 사장과 마주치면 인사를 하는데 사장은 약간 냉정하게 대하는 듯했다. 급기야 어느 날 사장은 "왜 퇴직한 직원들이 회사에 자꾸 나타나느냐"며 회사 분위기 흐려지니까 자제시키라는 지시를 내렸다. 이 말에 직원들은 스스로를 무력하게 느끼는 것 같았다. 왜 그랬을까?

경영자들, 특히 중소기업의 경영자들은 직원이 회사를 떠날 때 자존심에 상처를 입는다. 직원 못지않게 과로하면서 자금 문제나 경쟁사 문제로 스트레스를 받고 사는 그들에게 유일한 정서적 보상이 있다면 바로 직원들의 존경심일진대 떠나는 직원들이 거기에 흠집을 내는 것이다. 특히 능력을 인정하고 신뢰하던 직원이 퇴사할 때 경영자가 받는 심리적 타격은 상당하다. 그런 배경으로 볼 때 퇴사한 직원들을 대하는 것이 흔쾌하진 않을 것 같다. 더구나 현재 자신의 휘하에 있는 직원들이 그들과 친하게 교류하는 것에 뭔가 모를 불안을 느꼈을 수도 있다.

어떤 이유에서건 사장이 이런 입장을 취하자 퇴사직원들은 이유 없는 죄책감과 거리감을 느끼며 회사와 멀어져갔다. 회사에 다닐 때부터 퇴사직원에 대한 사장의 태도를 익히 잘 알고 있는 직원들은 당연히 퇴사와 동시에 발길을 끊었다. 직원들을 만나도 밖에서 따로 만나고, 우리가 만나는 걸 왜 싫어하고 간섭하느냐며 불평도 터뜨렸다.

이번엔 아주 다른 회사 이야기다. 이 회사는 아예 퇴사한 직원들을 부르는 명칭이 따로 있다. 이른바 OB&G, 'Old Boys & Girls'의 약자다. 직원 주소록과 별도로 총무부서에서는 OB&G 주소록을 관리하고 업데이트한다. 회사의 제품과 서비스를 이용하는 데서 OB&G들은 상당한 우대를 받는다.

간혹 경영진과 주요 팀장은 OB&G를 초대하여 저녁식사 모임도 갖는다. 회사의 신년회 파티에는 꼭 OB&G와 그 가족을 초대한다. 창립

기념일에는 저명한 인사들의 영상 메시지가 펼쳐지는 중간중간 OB&G들의 영상도 소개된다. 그들은 자기들이 이 회사에서 얼마나 성장했으며, 다른 일을 하는 데 이 회사에서의 경험이 얼마나 도움이 되고 있는지를 이야기한다. 옆에서 지켜보니 그것이 미치는 영향은 적지 않았다. 우선 이 회사 OB&G들은 퇴사하고서도 계속 이 회사의 팬으로 남는다. 심지어 영업사원 역할까지 한다. 그들이 새로 알게 된 사람들에게도 전 직장의 제품과 서비스를 소개해준다. 더 중요한 것은 따로 있다. 퇴직직원들의 이런 태도가 현재 이 회사에 다니는 직원들의 자부심에 좋은 영향을 미치고 있다는 것이다.

<u>퇴사한 직원을 방해꾼으로 보는 회사라면 떠난 직원들이 다른 곳에서 그 회사를 칭찬할 리 없다.</u> 앙심을 품고 훼방을 놓지 않으면 다행일 정도다. 사람은 누구나 자신을 인정해주기를 바라는 법. 자신의 가치를 부정당했을 때 기분 좋을 사람이 어디 있겠는가. 참으로 대접받는 대로 대접하는 셈이다.

소설가 김형경의 책 『사람 풍경』을 보면 질투심에 대한 에세이가 실려 있다. 질투에는 '사랑받는 자로서의 자신감 없음'이라는 심리적 기제가 놓여 있다고 한다. 애인이나 배우자가 다른 사람에게 눈길만 줘도 질투심이 일어나는 것은 그의 사랑을 받을 자신감이 결여되었기 때문이라는 해석이다. 자신감이 있는 사람은 그만큼 질투심으로부터 여유가 있다는 말일 것이다.

혹시 퇴사직원을 대하는 태도의 밑바닥에도 그런 질투의 감정이 깔려 있다고 한다면 너무 무리한 해석일까? 직원이 떠날 때 구겨져버린

체면과 자존심, 믿었던 직원이 이직할 때 느끼는 무력감. 이것은 사실 애인이나 배우자에게 느끼는 배신감과도 비슷한 체험이다.

　이런 것들에 대해서 경영자가 얼마나 자신감을 가지고 대하느냐 하는 것, 즉 그 깊은 바닥에 자신감 있음과 없음이라는 차이가 이렇게 퇴사한 직원에 대한 대응을 다르게 만드는 것일지도 모르겠다. 사장의 자신감, 총체적으로는 그 회사의 자신감 말이다.

Chapter 2

극약처방은
미봉책으로 끝난다
직원교육

끝내주는 이벤트에서
일관된 전략으로

　인력자원개발HRD 분야에서 일하다 보니 직원교육에 대해 자문을 구하는 경영자들이 있는데, 가끔 '교육 당시에는 효과가 좋은 것 같은데 약발이 금방 떨어지는 게 문제'라는 표현을 접하게 된다. '약발'이라는 표현이 적절치 않아 보여서 나는 쓰지 않지만 나름대로 현실의 한 단면을 설명하는 것이려니 하고 받아들인다.

　그러나 사실은 '한 번의 교육으로 사람이, 조직이 변화될 것이라고 기대하는 것이 더 비현실적이지 않은가?' 하고 되묻고 싶어진다. 적어도 개인 습관이나 조직 습성의 강고함, 메커니즘의 상호의존, 현실의 복잡성 등을 고려하면 말이다. 그렇기 때문에 CEO나 변화관리자들이 중점을 두어야 하는 것은 한 번의 끝내주는 교육이 아니라, 전략적인 관점에서 전체 프로세스를 짜고 그것을 끈질기게 시행하는 것이다.

나는 그 기업이 원하는 것이 무엇인지 먼저 물어본다. 조직문화가 변화하기를 바란다면 원하는 수준으로 바뀌는 데 얼마의 기간이 필요하다고 생각하는지 또 교육 외에 무엇이 더 필요한지를 상의한다. 이렇게 큰 그림을 그려보면, 보통 일회적인 교육을 이벤트처럼 하려던 생각에서 패러다임 전환이 일어난다.

중간관리자들에게 코칭교육을 실시한 한 회사가 있었다. 이 회사는 역사는 짧지만, 유능하고 결단력 있는 CEO가 아주 새롭게 회사를 경영하려고 마음을 먹고 있었다.

처음에는 '관리자 역량 강화를 위해 좋은 교육 한번 시켜보자'고 시작했다. 그런데 CEO가 직접 교육현장을 참관하고서는 마음이 달라졌다. 코칭교육은 인식에만 그쳐서는 안 되고, 관리자들이 직원들을 실제 코칭해야 정말 조직을 변화시킬 수 있겠다는 생각이 들었다. 그래서 이것을 실천하도록 전략을 짜고 독려했다.

주간회의에서는 관리자들이 직원들을 코칭한 실적과 앞으로 누구를 코칭할 것인지를 보고하게 했고 프라이버시를 침해하지 않는 선에서 '코칭일지'를 작성하여 보고하도록 했다. 또 코칭을 한 실적과 그 성과로써 중간관리자들을 평가하기로 했다.

그랬더니 몇 달 후부터 놀라운 일이 벌어지기 시작했다. 이 조직의 고질병이던 이직률이 절반 가까이 줄어들었고, 항상 냉소적인 반응과

험담으로 조직에 부정적인 영향을 미치던 사람들이 회사를 떠나거나 더 이상 큰 영향을 미치지 못하게 되었다. 당연히 성과가 올라갔다.

이 CEO의 훌륭한 점은 **변화의 고삐를 늦추지 않고 지치거나 포기하지 않고 중간관리자들에게 일관되게 요청했다는 사실이다.** 그 메시지는 중간관리자들에게 수용되었으며 조직 하부에 영향을 미쳤다.

조직을 변화시키려면 전략과 끈질긴 실행과 디테일한 조처들이 뒤따라야 한다. 조직의 비전 워크숍이 필요할 수도 있고, 칭찬 게시판을 고안할 수도 있고, 정기적인 코칭과 피드백이 필요할 수도 있다. 그런 프로세스 중에 적절한 교육이 포함되어야 하는 것이다. 전략이 먼저고 교육은 그에 부응해야 한다. 당연한 말 같지만 종종 현실에서 전도되는 것이다.

가장 중요한
한 가지 문제에 집중하라

　강의 요청을 받으면 의뢰자에게 꼭 물어보는 것이 있다. 이 강의에서 참가자들이 무엇을 얻게 하고 싶은가 하는 것이다. 한두 시간의 짧은 특강의 경우엔 강의를 시작할 때 아예 청중들에게 질문을 한다.
　"요즘 어떤 고민을 하고 있습니까?"
　"자신에게 무엇이 필요하다고 생각합니까?"
　그리고 약 2분 정도 각자 해결하고 싶은 과제나 목표를 마음속으로 정리해볼 시간을 준다. 우리 안에 니즈가 있을 때, 우리가 찾고자 할 때 비로소 스승이 나타나는 법이기 때문이다. 아무 생각 없이 앉아서 '이야기 한번 들어볼까' 하는 태도로 교육에 임하는 사람과 뭔가 갈급한 것이 있어서 적용점을 찾으려고 교육에 참가하는 사람은 당연히 얻어가는 것이 엄청나게 다르다.

강의를 마칠 때는 이 강의내용과 아이디어 중에서 앞서 생각했던 고민을 해결하는 데 떠오른 통찰이나 적용점을 찾게 한다. 강의의 목적은 강사가 앞에서 훌륭한 말을 하고 멋지게 보이는 데 있는 것이 아니라 참가자들에게 영감을 주고 그들의 잠재역량을 개발하는 것이기 때문이다. 그러므로 정말 좋은 강의는 그 내용을 참가자들의 삶에 적용시킬 수 있도록 연결시켜주는 강의다. 만약 강사가 자신이 얼마나 강의를 멋들어지게 하는지를 '보여주는' 데 목적을 둔다면 멋진 쇼를 보여주는 데서 만족하는 연예인의 태도와 뭐가 다를까.

강의뿐 아니다. 실제 코칭을 할 때도 가장 중요한 것이 대화의 포커스를 맞추는 일이다. 오늘 대화에서 얻고 싶은 것이 무엇인지, 해결해야 할 것이 무엇인지를 분명히 하는 것이다. 이른바 '초점 맞추기'다. 이것은 매우 중요하다. 코칭 대화의 초점을 맞추는 게 쉬울까? 사실 생각처럼 쉽지만은 않다. 사람들의 문제는 보통 복합적이기 때문이다.

예를 들어 직장생활에서 의욕이 떨어진 직원을 상사가 코칭하는 장면을 그려보자. 이 직원은 최근 지각이 잦고 회의시간엔 아무 말이 없이 앉아만 있으며 업무는 기한을 넘기기 일쑤다. 그의 성과는 최근 두 달간 부서에서 가장 낮았기 때문에 상사는 이 직원과 면담을 했다.

"요즘 지내는 것이 어떤가?"로 상사가 말문을 열면서 어려운 점이 무어냐고 했더니 직원이 대답한다.

"사실 요즘 집안에 문제가 있습니다. 친구 사업에 보증을 잘못 서는 바람에 금전적 손해를 보게 되었습니다. 그것 때문에 아내가 저를 계속 원망해서 근 한 달간 말을 안 하고 있습니다."

힘든 상황이겠다고 공감해주면서 계속 들어주자 다른 이야기도 나온다.

"새로 온 김 팀장에게는 도무지 적응이 안 됩니다. 김 팀장은 도와주진 않고 몰아붙이기만 하거든요. 예전 팀장은 기안업무도 직접 하고 힘들어도 숨쉴 여유는 주었는데 김 팀장은 상무님께 잘 보일 생각만 하는 것 같아 실망스럽습니다. 요즘엔 팀 성적이 나쁜 것을 저한테 은근히 화살을 돌리는 것 같아서 스트레스를 많이 받고 있습니다."

이어지는 말이다.

"그래서 그런지 요즘 들어 몸도 좋지 않습니다. 너무 피곤해서 오후엔 집중이 잘 안 되고요."

처음부터 명료한 한 가지 문제라기보다는 대체로 이렇게 여러 측면의 문제들이 얽혀 있는 경우가 훨씬 많다. 원래 우리 인생이 그렇듯이 말이다.

이런 복합적인 문제 상황에서 사람들은 무력감을 느낀다. 이렇게 해보려니 저게 문제고 저 문제를 풀기엔 조건이 안 되고…. 무력감은 스트레스를 주고 의욕을 꺾어버린다.

만약 코치가 문제를 분별하여 가장 중요한 한 가지 문제에 초점을 맞추게 할 수 있다면? 그것 자체만으로도 그 사람에게는 매우 가치 있는 것이다. 문제가 분명해지는 만큼 의욕도 생기고 해법도 나오기 때문이다. 그렇기 때문에 코치는 '한 번에 한 가지' 초점을 분명히 맞추고 코칭 받는 사람이 여기에 집중해서 해결책을 개발하도록 가이드할 필요가 있다.

여러 가지 문제에 휩싸여 있는 사람에게 한 가지 문제에 초점을 맞추도록 질문을 해보자.

"우선 무엇부터 해결하면 도움이 되겠습니까?"

"가장 중요하게 느껴지는 일은 어떤 것입니까?"

당신이 고민하는 것을 되돌아보라. 어느 한 가지 문제를 깊게 생각해보라.

'그것이 어떤 문제이고 나는 이 문제가 어떻게 해결되기를 바라고 있는가? 어떤 시도들을 해보았고, 어떤 것들이 가능할 것인가? 절대 실패하지 않는다면 나는 무엇을 해보겠는가?'

초점이 분명해진 문제에 이런 식으로 질문해가면서 해결책을 모색한다면 문제는 반쯤 풀린 것이나 다름없다. 당신 스스로가 누구보다도 그 문제를 잘 알고 있고 고민해왔기 때문이다.

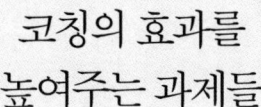

코칭의 효과를
높여주는 과제들

코칭에서, 특히 정규적인 코칭을 할 때 적절한 숙제를 내주는 것이 큰 도움을 준다. 코치는 목표달성에 관련된 의미 있는 숙제를 내주고 관리하는 역량을 갖추어야 한다. 코칭 주제에 따라, 코치받는 사람의 상태에 따라 숙제는 아주 다양해진다.

공통적인 요건을 들어보면 우선 구체적이어야 하며, 행동으로 옮길 수 있고, 마감시한이 있고, 또한 측정 가능한 것이라야 한다. 예를 들어, '자신의 장점이 무엇인지 생각해보라'는 것보다는 "자신의 장점을 20가지 작성해서 보여달라'고 하는 것이 더 효과가 있다.

몇 가지 효과적인 과제의 예를 들어보자.

직장 내 대인관계가 너무 편협된 것이 고민인 매니저에게
- 가장 껄끄럽게 생각되는 사람과 점심식사를 함께 해보기
- 가까운 동료로부터 자신의 행동에 대한 피드백을 들어보기

자기 개발을 위한 코칭

- 자신의 장점 20가지 작성해서 코치에게 보내기
- 10년 뒤 가장 이상적인 자신의 모습을 상상해보기
- 더 탐색할 분야를 10가지 이상 작성하기

현지 외국인 직원과의 통합력을 높이고 싶은 해외법인장

- 현지 외국인 직원의 집을 방문하여 생활하는 환경 파악하기
- 한국인 경영진에 대해 바라는 점 들어보기(적어도 세 사람 이상)

십대 자녀와 더 친밀감 있는 관계를 원하는 임원

- 1주일간 자녀의 말을 경청하기(경청과 말하기의 비율=8:2)
- 자녀가 좋아하는 친구들에 대해 알아보기

골칫거리 스타 플레이어,
어떻게 다룰 것인가

　외부에서 스카우트해온 김 차장은 선도적인 기업에서 10년 이상 근무하고 해외경험도 있는 전문가라서 회사의 기대가 컸다. 특히 임원이 직접 나서서 스카우트해오면서 그는 경영진으로부터도 주목을 받고 있었다.
　과연 그는 소문대로 입사 초기부터 뛰어난 능력을 보여주는 것 같았다. 회사의 중요한 프로젝트에서 역할을 맡은 그는 대단한 추진력을 발휘하면서 기획과 프레젠테이션, 프로젝트 관리를 체계적으로 착착 진행시켜갔다. 관련된 여러 부서 사람들은 그가 대단하다고 인정하는 분위기이고 경영진도 만족해했다.

그러나 정작 김 차장이 속한 기획팀의 팀장은 곤란에 빠져 있었다. 김 차장은 전사적인 프로젝트를 성공시키고 임원들에게 인정받는 일에는 매우 열심이었지만 팀에는 별 관심이 없는 것처럼 행동했다. 정규적인 팀회의에도 바쁘다고 번번이 빠지기 일쑤고 팀의 공동업무는 나 몰라라 하는 것 같고 팀원들과도 소원했다. 임원에게 프로젝트를 보고하러 간다며 자주 자리를 비우니 대놓고 뭐라 하지는 못해도 팀장은 자기가 무시당하는 기분이었다. 윗사람들은 흡족해하고 있는데 정작 일상업무를 함께 해야 하는 자신의 입장에서는 골칫거리가 된 셈이다.

더구나 기획팀에는 팀 차원의 과제가 많아 항상 야근을 하는 실정이었고 아직 주니어 수준인 직원들이 많아서 팀장은 김 차장이 조속히 팀의 주력으로 자리잡기를 바라고 있었다. 그런데 김 차장의 태도는 왠지 기획팀의 중요성도 상사인 팀장도 인정하지 않는 것 같아서 대하기가 영 껄끄러웠다. 몇 번 그런 일이 반복되다 보니 최근에는 우리 팀에 필요한 사람은 저런 스타 플레이어가 아닌 팀워크를 소중히 여기는 팀 플레이어가 아닐까 하는 생각이 들었다. 차라리 김 차장의 소속을 옮겨달라고 하고 우리 팀은 경력직원을 다시 배정받는 게 좋겠다는 생각까지 들었다.

당신이 김 차장 같은 팀원을 둔 팀장이라면 어떻게 하겠는가? 팀장은 이 문제를 심각하게 생각하면서도 의외로 김 차장과 직접 대화하고 피드백하는 일은 미루고 있었다.

팀장에게 "김 차장에게 어떤 식으로 말해주고 싶은가?" 물었더니 "혼자 성과를 내서 인정받겠다는 태도는 잘못되었다. 그런 식으로 회사생활하면 오래가지 못할 거라고 말해주겠다"는 비난성 충고가 나온다.

거기에는 '팀장으로서 무시당했다'는 감정이 섞여 있는 것 같았다. 그러나 비난이 섞인 충고는 상대방을 방어적으로 만들기 쉽다. 인간은 감정의 동물이라고 할 만큼 감정을 억제하는 일이 쉬운 일은 아니다.

그러나 한발 물러서서 조망해보자. 그는 과연 팀장을 무시해서 그런 것일까? 그 역시 새로 온 회사에서 조금이라도 빨리 존재증명을 하고 싶은 초조한 마음에 사로잡혀 있을 수 있고, 본인의 행동이 어떻게 비치는지 잘 인식하지 못할 수도 있다.

이 상황에서는 단호하지만 매우 중립적으로 피드백을 해주는 것이 필요하다. '팀회의 참석은 선택이 아닌 필수라는 것, 당신이 성과를 내야 할 기본조직은 팀이라는 것, 더 나아가서 당신을 평가할 1차 상사는 바로 나라는 것'을 말해주어야 한다. 내 판단이나 비난은 제쳐두고 객관적인 사실에 기초해서 말해줄 때, 서로 감정 소모 없는 자유로운 소통이 가능해진다.

지옥훈련은 과연 효과가 있을까?

마음의 힘이란 참으로 세다. 평범한 듯 보였던 사람이 어느 날 상상치도 못했던 열정을 분출시키기도 하고 남부러울 것 없어 보이던 사람이 우울증에 빠져 불행한 선택을 하기도 한다. 이 모든 것이 마음의 힘이 만들어내는 장난들이다. 그래서 마음을 다루는 것은 대단히 중요한 문제다.

사람의 마음을 다잡으려고 쓰는 방법도 가지가지다. 초등학교 고학년인 둘째아이가 학교에서 수련회를 다녀왔다. 들어보니 조교 선생님들이 아이들이 방에서 떠든다고 모두 나오라고 해서 기합을 단단히 준 것을 시작으로 아이들에게는 무섭게만 느껴지는 훈련을 엄격하게 시킨 모양이었다. 잘못은 다른 아이가 했는데 단체기합을 받아야 하는 것이 아이들 눈에는 영 불합리했겠지만, 아마도 이른바 정신력 강화 차원에서 그렇게 했을 것이다.

　기업도 마찬가지다. 글로벌시대라고 하지만 아직도 많은 기업들이 직원들의 마음을 단련시키기 위해 육체적으로 고된 훈련에 의지하거나 심지어 지옥훈련 혹은 해병대훈련을 받게 한다. 모두 '할 수 있다'는 정신을 키우기 위해서다. 팀워크를 위해 불 위를 걷게 하는 훈련도 있다고 들었다. 이것은 과연 맞는 접근법인가?

　만약 그런 훈련으로 도전정신이 생기고 실생활에서 태도가 바뀌거나 팀워크가 강화된다면 조직을 변화시키는 일이 얼마나 쉽겠는가. 아니 인간이 그런 단순한 존재라면 사실은 얼마나 또 재미가 없겠는가. 그러나 강제와 타율로 사람을 개발하는 데는 한계가 있는 법이다. 일시적으로는 분위기가 조성되는 것 같지만 끝났을 때는 오히려 염증만 키우기 쉽다.

　사람은 영혼을 가진 존재다. 누가 들이대지 않더라도 그의 내면에 더 깊은 의미를 탐험하고, 더 큰 세계와 연결되고 싶어하고, 자신을 넘어서 기여하고자 하는 욕구를 지닌 고귀한 존재다. 그런 인간에게 있어서 자기를 객관화하고 반성하는 것이 가장 강력하고 오래가는 성장의 동인이 아닐까? 내면에서 시작하여 자신의 행동을 변화시키고 관계를 변화시키고 조직에 영향력을 미치는 것, 즉 내면에서 시작하여 외부로 향하는 인사이드 아웃 접근법을 쓸 때 비로소 변화는 강력한 것이 된다.

학교나 기업이 사람의 마음을 단련시키고 싶다면 좀 더 세련되게, 인간에 대한 이해에 기초한 방법을 택해야 하지 않을까. 자신을 성찰하도록 영감을 주는 방법으로 말이다.

자신을 성찰하도록 영감을 주는 방법에는 어떤 것이 있을까? 물론 한 가지 방법만 있는 것은 아닐 것이다. 그중 강력한 하나의 방법이 코칭이다. 비단 코칭이 아니더라도 스스로 사유할 수 있게 만드는 여러 가지 방법을 모색하고 시도해보자.

Chapter ● 3

인재는 태어나는 것이 아니라
만들어지는 것

자기관리

나는 인생을 낭비한
죄로부터 자유로운가

"당신은 일하는 시간의 몇 퍼센트나, 그 일을 더 잘하기 위한 교육에 쓰고 있습니까?"

몇 년 전에 미국 산업교육 전문기관인 콘퍼런스ASTD에 참석했다가 『해방경영』으로 유명한 경영 컨설턴트 톰 피터스의 강의를 들었다. 빠르고 거침없이 소나기 퍼붓듯 독설을 쏟아내는 그의 열정에 청중은 완전히 몰입하는 것 같았다.

그는 '26.3'이라는 숫자를 제시했다. 이것은 무슨 숫자일까?

힌트! 미국의 직장인들은 1년에 평균 26.3시간을 이것을 하며 지낸다.

답은?

미국의 평균적인 직장인들이 교육훈련을 받는 시간이다.

그렇다면 그들이 일하는 시간은 얼마나 될까? 톰 피터스에 따르면 연간 평균 노동시간은 약 2,700시간이라 한다. 간단한 산수로도 미국 직장인들은 일하는 시간의 단 1퍼센트만을 교육훈련에 쓰고 있다는 결론이 나온다. 톰 피터스는 자신의 최근 시간 사용을 예시하면서 10시간 일하기 위해서 36시간을 교육·연구·훈련에 쏟는다고 소개했다. 일하는 시간의 300퍼센트가 넘는 교육훈련 시간을 갖는다는 뜻이다. 이렇게 대비하니 '1퍼센트 : 360퍼센트'라는 엄청난 차이가 나온다.

그는 덧붙여서 참가자들에게 "디바들은 한다. 육상선수들도 하고 골퍼들도 한다. 파일럿들도 한다. 외과의사도 한다. 경찰도 한다. 우주비행사들도 한다. 그런데 왜 비즈니스맨들은 이것을 (많이) 하지 않는가?"라고 반문하면서 "혹시 직장인들은 전문가가 되고 싶지 않은 것 아니냐?"고 일갈하는 것이었다.

오호! 전문가들이란 태어나기보다는 만들어지는 존재라고 할 때 정말 흥미있는 수치였다. 재충전과 학습 없이 늘 소모만 해서는 전문성의 증진을 기대하기 어렵다. 일하면서 얻는 노하우와 경험이 쌓이는 자연적인 발전만 갖고는 누구든 자신의 잠재력을 최대한 발휘할 수 없다. 게다가 한번 습득한 지식의 유효기간은 점점 짧아져만 가고 있지 않은가.

물론 이것은 직장인 개인의 탓만은 아니다. 경영자들에게는 인재를 양성하기 위해 교육과 훈련에 투자할 수 있는 마인드가 확고해야 한다. 아직도 교육을 투자가 아닌 단순비용으로 간주하는 기업은 경기가 나빠지면 가장 먼저 교육비를 삭감한다. 그러나 현명한 경영자들은 교육비와 R&D비용이야말로 경기 변화 이후에 기업을 성공으로 이끌어 줄 장치임을 잘 알고 이를 적극 활용한다. 서비스 분야에서 획기적인 혁신으로 유명한 한 기업가는 "문제는 교육, 교육, 교육입니다. 결국 기업의 질을 높이는 길은 끊임없는 교육밖에 더 있습니까?"라고 반문했다.

직원들을 교육시키는 데도 부익부 빈익빈 현상이 있음을 느낀다. 질 높은 교육훈련과 체계적인 경력관리가 조직 차원에서 수행되는 대기업에 비해 중소기업에서는 교육훈련의 기회가 적고 또 업종에 따라서도 그 편차가 매우 크다. 역설적으로 소기업일수록 인재 한 사람 한 사람이 끼치는 영향이 크고 그것이 바로 조직의 경쟁력임에도 인재를 개발할 여건은 너무나 열악하다. 좋은 인재를 빼앗기는 원인 중 하나가 교육훈련의 기회를 제공하지 못하는 데 있다.

마치 잘사는 집 아이는 비싼 과외 등 교육투자를 더 받아 더 좋은 교육기회를 얻고 성공확률도 높이는 데 반해, 가난한 집 아이들은 교육기회에서 소외되어 좋은 직업을 가질 확률이 줄어드는 '부익부 빈익빈'의 경제현상이 여기서도 나타나는 것이다. 그래서 정부나 공공분야에서 중소기업의 경쟁력을 높이기 위한 노력을 할 때 우선적으로 교육훈련을 지원해야 한다고 말하고 싶다. 물론 지금도 어느 정도는 행해지고 있지만 여전히 문턱이 높고 혜택을 받는 기업이 적다.

또 한 가지 더 큰 문제는 값싼 형식적인 교육 위주로 지원할 것이 아니라 글로벌 수준의 질 좋은, 값비싼 교육을 지원해야 한다는 것이다. 교육이란 효과가 있어야지, 몇 시간 교육했다는 생색내기식이어서는 곤란하다. 그런 교육은 오히려 시간낭비일 뿐이다. 어떤 경우에는 별 내용도 없이 농담 위주의 강연으로 때우는 강의도 보았는데, 정말이지 교육생들에 대한 배려가 아니다.

언젠가 여성기업인들의 모임에서 이런 취지의 강연을 한 적이 있었다. 대부분이 중소기업을 경영하는 여성기업인들이었는데 큰 공감을 표시해주었다. 교육의 필요성과 현실적 조건 사이의 갭이 그만큼 컸다는 반증이 아닐까.

구조적인 문제가 심각하지만 그렇다고 그것만이 전부이고 개인의 노력은 무의미하다는 이야기는 아니다. 아니, 절대 간과되어서도 안 된다. 같은 조건에서도 개인의 차이를 만들어내는 행동이 분명 존재하기 때문이다.

어렸을 적 보았던 「빠삐용」이란 영화를 얼마 전 다시 보게 되었는데, 예전에 내가 무심코 지나쳐버린 매우 의미심장한 대목이 있었다. 빠삐용은 어느 날 꿈 속에서 황량한 사막을 걸어간다. 사막의 한가운데에는 자신의 죄를 심판하는 이들이 검은 망토를 휘날리며 둘러서 있었다. 그들은 다가오는 빠삐용을 향해 "유죄!"라고 외친다. 빠삐용은 자신은 사람을 죽이지 않았다며 크게 외쳐보지만 다음 순간 심판관이 그를 향해 "인생을 낭비한 죄!"라고 선고하자 갑자기 그는 고개를 떨구며 자신의 '유죄'를 인정한다. 그리고 말없이 돌아서 걷는다.

처음 이 영화를 보았을 때는 전혀 인상을 남기지 못했던 장면이 이제 와서 이렇게 가슴을 찌르는 것은 아마 '인생을 낭비하지 않았는가' 심각하게 자문할 정도로 나의 삶이 충실하지 못했다는 뜻일 것이다.

사람은 누구나 현재의 자신보다 더 큰 존재가 되기를 바라며 뭔가 자신을 넘어선 더 큰 의미에 기여하고 싶어한다. 그것이 전문가의 길이든 이타적인 봉사의 삶이든 사람은 자신의 가치를 추구하는 존재인 것이다. 나 자신, 코칭이라는 지식산업에 종사하는 한 사람으로서 일을 못 줄인다면 잠을 줄여서라도 더 읽고 더 배우기를 갈망하는 까닭이기도 하다.

어떤 관점에서 보더라도 1년에 26.3시간은 자신에 대한 투자치고는 너무나 초라하다.

당신은 지금 얼마의 시간을 투자하고 있는가?

신뢰=성품+역량

  사람들에게 리더십에 대해 연상되는 것을 말해달라고 하면 보통 '카리스마', '웅변가', '위기돌파 능력'이라는 대답들이 많이 나온다. 그러나 '현실에서 우리가 어떤 사람을 믿고 따르게 되는가?'라고 바꾸어 질문해보자.

  곰곰이 생각해보면 주로 많이 베푸는 사람, 모델이 되는 사람, 자기만이 아니라 남을 생각해주는 사람이다. 리더십이란 외형적인 요소, 즉 '그가 어떻게 보이는가'보다 '실제 그 사람이 어떤 사람인가'에 달려 있는 것이다. 리더십을 발휘하려면 자기 스스로가 사람들이 믿고 따를 수 있는 신뢰성을 갖추어야 한다. 신뢰성은 성품과 역량을 갖출 때 생겨난다.

만약 당신이 인사권자이고 승진 경합을 벌이는 두 직원이 있다고 해보자. 한 사람은 실력은 출중하나 성품이 별로 좋지 않다. 늘 사람들을 무시하는 언행과 이기적인 태도가 마음에 걸린다. 또 한 사람은 성품은 더할 나위 없이 좋은데 역량이 부족하다. 승진하면 중요한 업무에 책임을 지고 성과를 내야 하는데 그런 실력이 있을지 회의적이다. 자, 당신은 누구를 승진시키겠는가?

종종 사람들에게 이런 질문을 던져보는데, 내 경험으로는 보통 60퍼센트 이상의 사람들이 역량보다는 성품이 좋은 사람을 택하는 것 같다. 그러나 사실 이것은 정답이 없는 교묘한 질문이다. 성품과 역량, 이 두 가지는 리더가 갖추어야 할 핵심적인 사항이라서 어느 것을 선택하든 답이 될 수 없는 것이다.

생각해보자. 역량이 부족한 사람이 승진하여 책임 있는 자리에 올라간다면 그 조직은 장기적으로 성과를 기대하기 어렵다. 어떤 조직이든 달성하고자 하는 목표를 충족하지 못한다면 의미가 없다. 반면 리더가 실력은 있지만 성품이 엉망인 사람이라면 어떨까? 조직이 시너지를 통해 더 큰 성과를 내기 어려움은 물론이고, 아마 조만간 인재들이 조직을 떠나는 것을 보게 될 것이다.

회사에서 자신의 역량을 제대로 인정받지 못한다고 생각하는 사람이 있었다. 누구보다도 헌신적으로 그 일을 하고 있고 좋은 성과도 거두고 있다고 본인은 생각하는데 상사와 주위 사람들이 자신을 그렇게 대접해주지 않는 것이 항상 불만이다.

회사가 자신에 대해 분명 현재보다 훨씬 더 많이 인정해야 마땅하다고 굳게 믿고 있는데 현실이 그렇지 못하니 의욕도 떨어지고 표정도 어두워졌다.

'혹시 저 상사가 나를 견제하고 있는 거 아냐?'

'음… 내가 아부를 잘 못하는 강직한 성격이라서 그런 게 틀림없어.'

'아니면 내가 나를 잘 PR하지 못해서 그런 걸까?'

자신은 충분한 의욕과 역량이 있다고 생각하는데도 중요한 프로젝트의 책임이 다른 동료에게 맡겨지거나 공식회의에서 자신이 언급되지 않으면 아주 서운한 감정이 밀려왔다. 회사와 상사에 대한 서운함이 쌓이다 보니, 자발적으로 해야 하는 일에서는 여러 가지 핑계를 대며 몸을 사리는 일이 잦아졌다. 상사는 눈살을 찌푸리지만 그건 어쩔 수 없는 일이다.

내가 물었다.

"당신은 상사로부터 얼마나 신뢰받고 있다고 생각하십니까?"

잠시 생각을 해보더니 그가 대답했다.

"저에 대한 신뢰수준이 높지는 않은 것 같습니다."

"그걸 어떻게 아십니까?"

"글쎄요… 뭐랄까, 제 의견을 구하는 경우가 거의 없고요, 항상 결론적인 얘기만 짧게 하십니다. 그런데 A팀장에게는 의견을 물어보며 의논도 종종 하시는 것 같거든요. A팀장을 편애한다는 느낌까지 받고 있습니다."

나는 그에게 어떻게 하면 상사로부터 신뢰를 받을 수 있겠는지, 어떤 행동이 그렇게 하는 데 도움이 될지를 물어보며 대화를 이어나갔다.

신뢰란 강요할 수 없는 것이다. 사람들이 종종 억울해하지만 이것은 대단히 중요한 사실이다. 내가 아무리 옳고 업적을 냈다고 하더라도 '그러니까 당신은 나를 신뢰해야 합니다'라고 강요할 수 있는가?

신뢰란 마음으로부터 우러나는 것이다. 그 사람의 역량과 성품이 모두 다 갖춰질 때 자연스럽게 생겨나는 것이지 논리적으로 해결되는 것이 아니다. 학교 다닐 때 성적순에 길들여진 사람일수록 이 자연의 법칙에 둔감해질 수 있다. 사람의 마음을 얻는 것은 공부에서 1등을 하는 것과는 다른 것이 아니겠는가.

인정을 못 받는다고 불평을 하는 이 사람도 전형적으로 그런 사고의 패턴에 빠져 있었다. 게다가 그 패턴이 자신의 성공을 결정적으로 가로막고 있다는 걸 전혀 눈치 채지 못하고 있었다. 신뢰를 형성할 수 있는 좋은 기회가 와도 이렇게 불평하는 마음을 갖고 있으니 부정적으로 반응하며 제 발로 그 기회를 걷어찼다.

'쳇, 나를 인정해주지는 않으면서 이런 일은 왜 하라는 거야? 힘들어서 난 못하겠다고 해야겠군. 실제 힘든 것도 사실이니까…'라고 하면서 말이다. 그런 반응의 밑바닥에는 '내가 못하겠다고 하면 일이 좀 힘들게 돌아가지 않겠어? 나만한 전문가가 흔치 않다는 걸 그들도 알아야 해'라는 마음도 있었다. 신뢰를 형성할 수 있는 기회는 그렇게 날아갔다. 물론 그가 자각하지 못하는 사이에.

우리는 종종 잘못되어 보이는 상사와 일하게 되는 경우가 있다. 상사에 대한 뒷담화나 책임 미루기 등은 그 당시에는 속이 시원하지만 장기적으로 지내놓고 보면 정말 자신의 성장에 도움이 안 되는 시기로 기록된다.

잘못된 상사에게도 나름대로 신뢰를 형성할 수 있는 방법을 찾아야 한다. 그러려면 성실성이 필요하다. 남이 아닌 자신이 할 수 있는 일에 최선을 다하는 현명함이 필요한 대목이다.

신뢰와 마찬가지로 상사에 대한 존경심도 강요할 수 없는 것이다. 내가 아무리 입지전적인 인물이고 뛰어난 지식을 갖고 있다고 하더라도 그렇다고 세상 사람들이 나를 존경해야 하는 것은 아니다. 부모이기 때문에 당연히 자식의 존경을 받는다고 할 수 있을까. 존경받을 만한 성품, 희생, 사랑, 자식에게 귀감이 되는 어떤 면모를 보였을 때 존경의 마음이 싹트는 것이다.

세상이 자기를 중심으로 돌아가야 하고 남들이 나를 알아줘야만 한다는 생각은 어린아이같이 유치한 생각이다. 그런 생각에서 벗어나 즐겁게 자기 자신을 위해 일하고 자신의 언행의 결과로서 신뢰를 얻고자 노력할 일이다.

내 인생의 확고한 디딤돌
셀프 리더십

    일하는 엄마를 코칭할 때는 안타까움과 공감이 교차할 때가 많다. 대체로 일과 가정생활 두 가지를 모두 잘하고 싶은 열망이 뜨거운 한편 시간과 에너지, 돈이라는 자원은 한정되어 있어서 어쩔 수 없이 갈등이 일어난다. 대단히 부지런하고 현명하며 나름의 균형감각을 갖춘 이들은 일과 삶을 잘 양립시키는 것처럼 보인다. 그러나 겉으로 잘하고 있으면서도 내면에서는 항상 갈등과 불안이 많다.

    '과연 내가 잘하고 있는 걸까? 이 정도로 되는 걸까?'

    '혹시 다른 엄마들에 비해 아이들에게 소홀한 것이 아이들 공부에 영향을 미치는 것은 아닐까? 나중에 후회하게 된다면?'

'집에만 가면 너무 피곤한데, 언제까지 이렇게 살아야 하나?'
'중요한 집안일이 있어 빠질 때 회사에서 눈치가 보인다.'
'가끔 회사에서 더 이상 주목의 대상이 아닌 것 같아 서운하다.'

문제는 이렇게 열심히 살면서도 당당하고 자신 있게 자신을 보는 경우가 매우 드물다는 것. 이들에게는 '더 많은 일을 하고 더 부지런히 사는 것'이 필요한 것이 아니다. 더 자신 있게 '나는 괜찮아!', '나는 나 나름의 가치관에 따라 잘살고 있어!'라는 선언이라도 해야 할 정도로 내적인 자신감이 필요하다.

우리에게 내면의 평화를 가져다주는 것은 더 많은 일과 노력이 아니라, 자신의 가치에 따라 살고 그것이 괜찮다고 느끼는, 자기 자신에 대한 내적인 승인이 아닐까. 내적인 확신이 부족할 때 우리는 전전긍긍하게 되고 남들의 한마디에 자극받으며 주변 사람들의 평가에 연연하게 된다.

리더십이라 하면 앞장서서 남들을 이끄는 것을 생각하지만, 사실은 그에 앞서 우리 자신의 인생을 잘 이끄는 것이 필요하다. 그것이 '셀프 리더십'이다. 거기에는 자신의 가치관과 원칙을 분명히 하고 그에 따른 선택을 하는 것이 중요하다. 이것이 주부, 일하는 엄마들, 청소년이나 어린이에게도 리더십이 필요한 이유이며 모든 리더십의 출발점이다.

셀프 리더십이 있는 사람은 안정되어 있다. 변하지 않는다는 것이 아니라 마음의 평화를 누린다는 뜻이다. 인생은 결국 자신의 선택에 의해 사는 것이지 남들의 시각이나 기대, 비평에 따라 사는 것이 아니라는 생각이 확고하다. 그럴 때 자신의 선택에 대해 책임을 지고 인생의 주인 노릇을 할 수 있는 것이다.

자신의 인생에 대해서도 항상 환경 탓, 부모 탓, 주변 탓을 하면서 정작 자기가 할 수 있는 것에 대해서는 눈을 감아버리는 경우도 있다. 그러나 누구도 부정할 수 없는 것은, 아무리 환경이 열악하더라도 그 환경에 어떻게 대응하느냐를 결정하는 것은 결국 우리들 자신의 '선택'이라는 것이다.

비유적으로 말한다면 우리가 돛단배를 타고 항해할 때 바람의 방향은 우리가 마음대로 컨트롤할 수 없지만, 돛은 우리가 컨트롤할 수 있는 것이다. 그러나 지금도 주변의 소리에 귀를 기울여보면 바람 탓을 하는 목소리들이 꽤나 크게 들린다.

'동남풍이 불어야 하는데 왜 서북풍이 부느냐'는 불평, '언제쯤 동남풍이 불 것 같다'는 예측과 기대, '누구는 동남풍을 잘 만나 출세했는데 왜 나에겐 바람이 거꾸로 부느냐'는 원망….

그러나 이것들은 사실 쓸데없는 것이다. 왜? 우리가 컨트롤할 수 없는 영역의 일이니까. 거기다 대고 아무리 불평, 원망, 후회를 한들 시간낭비, 에너지낭비일 뿐이다. 대신 자신이 컨트롤할 수 있는 것에 집중해야 한다. 나의 인생이라는 항해에서 돛단배의 돛을 어떻게 조정할지는 나의 책임이다.

오스트리아의 정신의학자 빅터 프랭클 박사는 나치 치하에 악명 높았던 유대인 수용소에 끌려가 온갖 참혹한 일을 겪었다. 사랑하는 아내와 가족이 눈앞에서 죽어갔고 발가벗겨져 강제 불임수술을 당했으며, 말라 비틀어진 빵 한 조각에 목숨을 부지하는 고통과 학대의 나날이 계속되었다.

그러나 그는 언젠가 돌아가서 '수용소'라는 특수상황에서의 심리에 대해 연구하고 학생들을 가르치겠다는 마음을 가지고 지옥 같은 상황을 견뎠다. 그 경험으로 쓴 책이 『죽음의 수용소에서』이다. 여기에서 프랭클 박사는 "하느님마저도 빼앗아갈 수 없는 마지막 자유, 주어진 상황에 어떻게 반응하느냐 하는 자유가 있다는 걸 깨달았고, 그 반응은 온전히 우리가 선택할 수 있다"고 썼다.

종종 이런 자각은 고통스러운 일이기도 하다. '이런 상황에서는 남들도 그럴 수밖에 없었을 거야'라는 수동적인 승인에 기대지 않고 '나 자신이 원하는 것'을 깨닫고 그것을 추구하기 위해서는 '홀로 서기'가 필요한 것이다. 홀로 서기는 때로 외롭고 낯설기도 하다. 그러나 이것이야말로 진정한 셀프 리더십의 요소이며 강한 자아를 확립하는 길이다.

내면이 강해지면 우리는 타인의 반응이 아닌 자신의 기준에 의해 살게 되고 내면의 평화를 누릴 수 있다. 앞에서 말한 일하는 엄마들이 가장 크게 변화하는 것이 바로 이 부분이다. 사람들은 자신을 사랑하게 될 때 더 성숙하게 타인을 돌보거나 사랑을 베풀 수 있게 된다. '나는 이렇게나 바쁘고 힘들게 살면서 너를 돌보았는데!' 하는 식의 돌봄은 나중에 꼭 의존성을 낳는다. 즉 내가 너를 위해 희생했으니 너도 그 대가로 나에게 뭔가 보상을 해주어야 한다는 식이 된다.

우리가 나 자신을 선택할 수 있는 존재로 보면 타인도 그렇게 보게 된다. 서로를 진정한 독립적인 존재로 인정할 때 성숙한 사랑, 돌봄,

자유로운 유대가 자리 잡게 될 것이다.

  일하는 엄마들에게는 당장 무엇을 더 해야 하고 어떻게 더 노력해야 하는지보다 '내가 어떤 존재인가'에 대한 자각이 더 필요한 것이다. 그래서 코칭도 '내가 되고 싶은 미래의 모습은 무엇인가'를 그려보고 그것이 말해주는 의미들을 스스로 살펴보며 인생에 대한 주관을 확립하는 것에 초점을 맞추게 된다.

다른 사람 탓만
늘어놓을 때

주로 환경 탓, 다른 사람 탓을 하느라 시간을 죽이는 사람을 종종 만나게 된다. 잘 듣다 보면 자기 자신에 대한 얘기는 쏙 빼놓고 주변 사람에 대한 원망이나 어쩔 수 없는 외부요인에 대한 불평을 계속 늘어놓는 것이다. 코치는 이에 대해 도전해야 한다.

"외부요인은 그렇다 치고, 그럼 우리가 할 수 있는 방법에는 무엇이 있을까요?"

"그런 상황에서도 원하는 것을 달성하려면 어떤 것이 필요할까요?"

이렇듯 코칭 받는 사람이 컨트롤할 수 있는 문제를 던질 때 전환이 일어난다. 그렇다고 해서 코칭이 너무 상대방이 해야 할 일, 즉 과제 중심으로 가기만 하는 것은 좋지 않다. 그보다 먼저 경청하고 공감하는 과정이 선행되어야 한다.

외부요인에 대해 느끼는 바를 말하면 그것을 필요한 만큼 충분히 표출하도록 허용하고 공감해주어야 한다. 그러고 난 다음에야 비로소 자신의 이슈로 이동할 수 있는 바탕이 생겨난다.

불평만 늘어놓는 경우에도 종국에는 이를 자신이 할 수 있는 것으로 전환시켜야 한다.

원하는 것을 말할 때도 자신이 원한다고 하지 않고 주위의 기대나 압력, 해야 하는 당위성만을 말하는 경우도 있다. 타인의 기대에 맞추어 살려는 모범생 같은 태도가 마치 바람직한 것처럼 훈련되어 있기 때문이다. 그러한 태도에는 상당한 의존성이 내재되어 있다. 코칭은 그 사람에게서 독립적 욕구와 잠재력을 이끌어내어 더 큰 존재로 만들어가는 것이기 때문에 여기에 대해 도전할 수 있어야 한다.

"주위 사람들 얘기는 알겠습니다. 당신이 진정으로 원하는 것은 무엇입니까? 그것이 중요합니다."

"주변적인 상황이 없다면 무엇을 선택하겠습니까?"

어떤 상황에서든 선택은 결국 자기 자신이 하는 것이라는 점을 질문을 통해 깨닫게 해야 한다.

성공은 바로
디테일에 있다

　대기업의 한 젊은 임원에게 들은 이야기다. 그는 지독한 일벌레였다. 몸에 무리가 가는 줄도 모르고 매일 강도 높게 일하던 그는 어느 날 물을 삼킬 수 없었다. 물을 꿀꺽 넘기는 그 쉬운 일이 안 될 정도로 체력이 바닥난 것이었다. 그제야 입원을 하고 며칠 쉬게 되었는데 그 일을 계기로 지금은 건강을 최우선으로 챙기고 있다고 한다. 미친 듯이 일에 몰두하는 그의 모습은 상상 속에서도 아름답게 느껴졌다.

　그때 그의 직원이 지나가는 말처럼 하는 말이 내 주의를 끌었다. "어찌나 꼼꼼하신지 직원교육 매뉴얼의 표지에 새긴 로고 인쇄 상태까지 다 살펴보신다"는 말이었다. 이런 그가 지난 수십 년간 일해온 전자 분야에서 신제품 개발 프로젝트를 할 때는 어떠했을까. 몸이 상할 정도로 일했다는 것이 이해가 되었다.

적어도 내가 아는 한, 비즈니스에서 성공한 분들은 모두 '디테일에 강하다'는 공통점을 지니고 있었다. 작고 미세한 것이라도 그것이 현실에 차이를 가져오는 것이라면 대단히 관심이 많다는 것을 이야기를 나눌 때마다 느낄 수 있었다.

고객관계관리 CRM이 왜 필요한지에 대해서는 열변을 토해도 별 반응이 없다가 '매장에 디스플레이를 어떻게 바꾸었더니 어떤 차이가 있더라'는 식의 구체적인 이야기에는 지대한 관심을 보이며 질문을 하는 식이다. 어떤 인재상이 필요하다는 총론에도 고개를 끄덕이지만, 그래서 어떻게 해야 채용에서의 실패를 줄일 수 있는지 경험에서 나온 이야기에 더 점수를 준다.

왜 그럴까? 총론이나 방향성이 중요하지 않다는 뜻은 아니다. 전략과 비전이 있을 때 비로소 조직은 한 방향으로 정렬되고 힘을 집중할 수 있다. 그럼에도 이들이 디테일에 강한 이유는 그들이 매우 '실행 지향적'이기 때문이다.

실행은 아주 디테일한 것이다. 그것은 끈질기게 영향을 미치는 방해물들을 치우는 것이며, 추측하기보다는 하나씩 실험을 해나가는 것이며, 귀찮지만 차근차근 의사소통을 해야 하는 것이며, 무시하고 지나치고 싶은 자잘한 것들에 신경을 써야 하는 일이다.

아무리 올바르고 훌륭한 전략이라도 이와 같은 실행의 프로세스를 거치지 않고는, 디테일을 무시하고는 현실화될 수 없다. 이것이 결여

되면 오늘도 계속 생산되고 있는 많은 제안들, 획기적인 개선사항들, 이것들이 모두 구두선에 그쳐버린다. 아무리 멋지더라도 현실에서 아무런 차이를 가져오지 못한다. 자기 일에서 성공하기 위해서는 디테일에 강해야 한다. 숫자에 밝아야 한다. 어떤 것이 진짜로 현실을 변화시키는지에 예민해야 한다.

"성공과 실패를 가르는 차이는 어떤 일을 거의 맞게 하는 것과 정확히 맞게 하는 것의 차이"라는 말이 있다. 프로젝트 매니저들에게 내가 강조해왔던 대목이다.

'성공은 디테일에 있다.'

목표한 기일 안에 정해진 예산을 초과하지 않으면서 기대되는 사양(질 또는 범위)을 충족시키는 산물을 만들어내는 것이 프로젝트다. 그것이 되면 성공이고 안 되면 실패가 아닌가. 결국 그것에 영향을 미치는 많은 것들을 추적하고, 진행상황을 파악하고, 컨트롤하는 것이 관건이다. 정말 경험 많은 프로젝트 매니저들은 그래서 이 과정을 하나의 책이나 도식으로 설명하고 담아낼 수 없는 복잡한 것으로 여기는 경향이 있다.

큰 성공을 거둔 경영자들에게 드라마틱하고 영웅적인 성공스토리를 기대했다가는 실망하기 일쑤다. 그들은 대체로 수줍어서 자신을 드러내기를 별로 좋아하지 않는 대신, 실행에서 매우 끈질긴 성격의 소유자들인 경우가 많다. 성공이란 어느 한 번의 깨우침, 한 장의 독트린, 스타 탄생 같은 것이라기보다는 지루하게 보일지도 모르는, 하루하루를 성공적으로 만들어가는 실행의 축적이 낳은 결과가 아닐까 한다.

이렇게 내가 디테일을 강조하는 것도 젊었을 적에 지나치게 거대담론에 매료되었던, 그래서 일상을 너무 시시하게 여기고 관념적으로만 늘 혁명적이었던 나 자신의 자기 반성 때문일지 모른다. 어쩌면 남들은 다 아는 뒤늦은 이야기일지도.

당신도
희생자입니까?

　벌써 20년 전의 일이다. 한 운동단체에서 매우 유능하고 헌신적이며 에너지가 넘치는 사람을 보게 되었다. 시원시원하고 주도적인 태도와 용기 있는 행동은 사람들을 따르게 하였고, 혹독한 시련이 기다리는 두려운 상황에서도 대의를 위해 기꺼이 자신을 희생하는 그의 모습은 정말 멋있었다. 그런 그가 조직에서 리더가 된 것은 너무나 당연한 일이었다.

　그런데 10여 년의 시간이 흐른 뒤 전해 듣게 된 그의 근황은 조금 놀라웠다. 여전히 현업에서 뛰고 있지만 이상하게도 그와 가까웠던 사람들이 그를 슬슬 피하는 중이었다. 잠깐 얘기를 나누면서 알게 된 그의 생각인즉 '나는 이렇게 죽을 둥 살 둥 하고 있는데 다들 너무 편하게 생각하는 것 같다'라는 게 요지였다. 불만이 가득 서린 그 태도의 밑바닥에는 나만 늘 바보같이 손해 보고 살고 있다는 피해의식이 자리 잡고 있었다. 그의 원망은 역설적으로 가까이서 함께 일하는 사람들에게 가장 강렬하게 향하고 있었다. 그런 상태에서 다른 사람들의 말이 귀에 들어올 리가 없다. 독기를 뿜어내며 끝없이 불평을 쏟아내는 태도를 계속 받아주기란 가까운 이들에게도 정말 어려운 일이었을 것이다.

이른바 피해의식이란 것은 뭔가 공평하지 못한 일이 일어나고 있고 그 관계에서 나는 피해자라고 굳게 믿는 것이다. 피해의식이 무서운 이유는 이것이 종종 폭력이나 공격적인 태도를 정당화시키는 수단으로 쓰이기 때문이다. 그렇기 때문에 피해의식은 자신을 망치고 관계를 망치고 조직에도 부정적 시너지를 만들어낸다.

조직에 있다 보면 어떤 직원이 이런 신호를 보내고 있다는 것을 감지할 때가 있다. 대체로 중요한 자리에서 일을 아주 많이 해내는 직원일수록 그렇게 될 확률이 높다. 희생자 같은 느낌이 드는 것, 이것은 신호등에 황색불이 들어온 것과 같다. 그들은 이렇게 말하는 듯 보인다.

"난 정말 열심히 회사를 위해 일하고 있다고요. 사생활이 없을 정도로 희생하고 있잖아요."

"저 친구는 나에 비하면 별로 대단한 것도 아닌데 왜 저렇게 대단하게 대접받지?"

문제는 이들이 느끼는 피해의식은 쉽게 채워지기 어렵다는 것, 아주 작은 일도 피해의식을 엄청 증폭시키는 소재로 삼는 경향이 있다는 것이다. 그런 경우를 몇 번 경험한 후에는 이를 방치하는 것이 매우 위험한 일임을 알게 되었다.

이제는 아무리 중요한 업무를 담당하는 사람이더라도 그런 신호를 보내오면 나는 그의 업무를 바꿔주려고 하는 편이다. 좀 덜 바쁘고 덜 중요한 일로 업무전환을 하면 자신을 위해 시간을 쓸 수 있고 약간 노닥거리는 기분도 느껴보게 될 것이다. 물론 당분간 덜 주목받게 되겠지만 그것을 방치했다가 결국 사람을 잃는 것보다는 훨씬 나은 선택이라고 생각하기 때문이다.

단체행동을 하는 노조의 유인물에는 이런 표현이 단골로 등장한다.

"우리는 회사에 청춘을 바쳤는데… 그 희생의 대가가 고작 이것입니까?"

이렇게 묻는 유인물을 보면 가슴이 아프다. 그 글을 쓴 사람들의 처지도 가슴 아프지만 거기에서 묻어나는 어쩔 수 없는 집단적 피해의식이 보여서다. 한 회사에 오래 다닌 것도 결국 하나의 선택이었다고 보는 것이 맞지 않을까. 회사를 위해 '젊음을 바쳐 희생했다'가 아니라 '회사가 성장하도록 크게 기여했다'고 쓰면 더 좋겠다. 그것이 훨씬 더 건강하고 당당한 태도이며 또한 사실일 테니까.

우리의 선택이라는 것을 인정하는 것이 상대가 나를 어떻게 대접해도 좋다는 뜻은 아니다. 오히려 서로의 선택이라는 점을 인정할 때 'Win-Win'을 위해 서로 최선을 다해야 한다는 공동의 규율을 주장할 수 있는 것이다.

가끔은 내 마음속에서도 피해의식이 올라올 때가 있다. 이것을 나는 '희생자 마음'이라고 부른다. 일하는 엄마로서, 경영자로서, 코치로서, 그리고 칼럼니스트로서 내가 가진 역량에 비해 벅찬 여러 가지 역할을 하다 보면 어느 늦은 퇴근길에 희생자 마음이 쑤욱 나를 휘감는 것이다.

'억울하다, 억울해. 남편한테 억울하고, 아이들을 알뜰하게 거두는 친구를 생각하니 억울한 마음이 들고, 누구보다 더 늦은 시간에 퇴근하니 직원들에게도 억울하네. 그리고 또….'

처음에는 우울해진 마음에 끼어드는 옆차 운전자에게 혼잣말로라도 화풀이를 했다. 이제는 '내 안에서 희생자 마음이 올라오는구나' 하고 느껴본다. 결국은 늦게까지 남아 일하는 것을 선택한 것은 나 자신이고 하루 100여 통씩 오는 메일 때문에 짜증을 냈지만 결국 그것을 열어보는 것도, 회신을 하는 것도 나의 선택일 뿐이지 않은가.

희생자 마음의 반대말은 '주도적인 마음'이다. 나는 선택할 수 있는 존재이며 조수석에 앉아 불평하는 사람이 아니라 내 차의 운전석에 앉아 운전대를 잡은 사람이라고 생각하는 것이다.

인맥을 관리할 수 있을까?

　직장생활 5년차로 대리인 한 여자분이 있었다. 일을 잘해서 인정을 받고 있고 성취감도 높았는데 직장에 친한 사람이 없어 외톨이처럼 느끼고 있었다. 친한 친구를 만들고 싶은데 잘 안 되어 고민이라고 했다. 친구를 만들기 위해 어떻게 하고 있는가를 물었더니 좋은 영화나 공연이 있으면 표를 사두었다가 함께 가자고 제안한다고 한다. 몇 사람에게 그렇게 해보았더니 반응이 좋더라고 했다. 그러나 여전히 그런 일에 부담을 가지고 있었고 사람을 사귀는 게 어렵다고 했다. 그 사람에게 이렇게 물어보았다.

　"당신이 어떤 사람과 친해졌던 경험을 떠올려보십시오. 그 사람의 어떤 행동이나 말이 좋아 보였습니까?"

잠시 생각하더니 "아하!" 하는 것이었다.

"어떤 사람과 친해진 계기를 생각해보니 사실은 아주 사소한 일들이었습니다. 지나가다가 제 자리에 들러서 일상적인 얘기를 나누거나 커피를 뽑아다준 일, 농담을 주고받은 거요…. 그리고 보니 제가 너무 거창하게 생각했던 것 같네요. 뜬금없이 공연 가자고 하면 부담스러워하기도 했거든요."

다시 물어보았다.

"좋아 보였던 그 방법과 자신의 접근법에 대해 어떻게 생각하세요?"

"음… 제가 일에 몰두하면 다른 사람은 눈에 아예 안 보이는 스타일이거든요. 그래서 평소에 사람들을 거의 등한시하는 편이죠. 사람들 눈에는 제가 일밖에 모르고 정말 멋대가리 없는 노처녀로 보였을 것 같네요. (웃음) 앞으로는요, 잠깐씩 쉬는 시간에 다른 사람 자리에도 들러보고 커피도 뽑아다 주고 친하게 지내고 싶은 사람에게는 농담이나 칭찬을 자주 해보면 좋을 것 같습니다. 한번 해보겠습니다."

"언제까지 그런 시도를 해보시겠어요?"

"내일부터요."

"기준을 정해볼까요?"

"적어도 하루에 두 번은 제가 먼저 다가가서 칭찬이나 유쾌한 농담을 하겠습니다."

이 사람은 다음 주, 그 다음 주 계속 노력을 했고 남들이 자기를 대하는 것도 좋아졌지만 스스로가 더 기분이 좋아져서 인상이 달라졌다는 소리를 듣게 되었다.

사람관계에서는 사소한 것들이 중요한 법이다. 스티븐 코비 박사가 사람관계에서는 "Small things are big things. Big things are small." 이라고 했는데, 정말 맞는 말이다. 평소에 칭찬에 인색하고 꾸중만 하던 부모가 한 번의 큰 선물로 만회할 수 있는가? 아무것도 인정해주지 않고 방치만 해두던 상사가 어느 날 인센티브를 준다면? 물론 좋아는 하겠지만 그것으로 상사를 존경하고 좋아하게 되지는 않는다. 사람들은 어떤 하나의 사건, 혹은 말을 맥락 속에서 파악한다. 평소 그 사람의 맥락에서 그의 행동을 파악하는 것이다. 문제는 그 맥락은 아주 사소하고 작은 언행이 지속적으로 쌓인 결과라는 것. 한 번의 좋은 말과 큰 선물로 돌이킬 수 없는 것이다.

성공적인 비즈니스를 위해서는 사람을 많이 사귀어야 한다고 믿는 사람들이 많다. 이른바 성공을 위한 인맥 쌓기. 그래서 '인맥 만드는 법', '네트워크 활용하기'에서 나아가 '효과적인 명함 관리법'에 이르기까지 이 분야의 처세를 다룬 책들이 유행이다. 글쎄, 나는 의도적으로 인맥을 관리하겠다고 마음먹어본 적은 없었던 것 같다. 그런데 입장을 바꾸어서 막상 내가 누군가의 인맥관리의 대상이 되고 그 사람이 나를 프로젝트로서 대하고 있다고 생각해본다면? 기분이 썩 상쾌하지 않을 것 같다. 거기에는 내가 '활용된다'는 일종의 도구적 관점이 배어 있기 때문일 것이다. 물론 나는 누군가에게 도움을 주는 존재가 되고 싶지만 말이다.

각종 조찬, 만찬 모임들은 인맥을 쌓으려는 사람들로 성황을 이룬다. 나도 조찬모임에 갈 때마다 보통 10여 장씩 명함을 주고받는다. 그러나 그 자리에서 안면을 익혔다는 '얕은' 관계로 할 수 있는 일은 실상은 거의 없다고 보면 된다. 사람 사이의 관계는 참 오묘한 것이어서 짧은 만남에서도 깊은 인상을 남길 수 있는가 하면, 중요한 자리에서 정식으로 인사를 주고받아도 전혀 기억에 남지 않을 수가 있다.

단 한두 사람에게라도 진정한 관심을 기울이는 것, 인간으로서 호기심을 가지고 느끼고 대화하는 것, 그래서 형식적인 빈말이 아니라 자신만의 이야기를 나누는 것. 진짜 인간관계를 만들려면 그렇게 대하라.

인간은 변화를 싫어하지 않는다,
강요된 변화를 싫어할 뿐!

예전 몇 년 동안 프랭클린플래너 사업의 본부장을 맡아 열성을 다해 일한 적이 있었다. 그 일은 보기보다 꽤나 터프한 일이었다. 제품개발과 생산에서부터 영업망까지, 마케팅전략부터 광고카피까지 그 모든 것을 사업부가 책임지고 있었다. 나 못지않게 우리 직원들이 엄청나게 헌신적으로 그 많은 일을 해냈다.

이런 우리의 노력에 보답이라도 하듯이 시장의 반응도 좋아서 그 사업부는 내가 맡았던 만 4년 동안 매출면에서 무려 900퍼센트에 달하는 기록적인 성장을 이룩했다.

당연히 사람들로부터 이 사업부의 성과에 대한 찬사가 쏟아졌고 나에 대한 칭찬의 말도 적지 않았다. 이렇게 해마다 성장하는 재미에 격무에 시달리면서도 불평 없이 일을 했다. 그때는 이 사업부의 일을 떠나서는 나 자신을 생각할 수 없는 정도로 일과 나를 동일시하여 생각했다. 심지어 누가 우리 제품에 대해 작은 지적이라도 해오면 마치 내가 인간적으로 잘못을 지적당한 것처럼 가슴이 아픈 증상까지 생겼다.

그렇게 빠져 지냈으니 나 외에 이 일을 누가 맡으리라고 생각해본 적이 당연히 없었다. 얼마 후 그것이 하나의 착각에 불과하다는 것을 깨닫게 되었고 그것은 나에게 커다란 패러다임의 전환을 가져왔다.

나는 다른 분야로 옮기게 되었고 그 사업부는 새로운 리더가 책임을 맡았다. 그리고 나서 밖에서 그 사업부의 소식을 들어 보니 새로운 리더는 '내가 계속 있었다면 하지 않았을, 혹은 하기 어려웠을' 일들을 척척 해내고 있었다. 물론 내가 계속해서 그 일을 했더라면 사람들이 그런 대로 잘한다는 말도 했을 것이다. 나 또한 그런 줄 알았을 것이다.

그러나 새로운 리더가 나와는 다른 스타일로 조직을 끌어가는 모습과 또 그것의 장점을 보고 나니 깨달음이 있었다.

'아하! 아무리 잘하는 것 같아도 같은 일을 4, 5년 이상 계속하는 것은 매너리즘을 낳겠구나!' 하는 생각이 저절로 들었던 것이다. 같은 맥락에서 현재 내가 하는 이 일도 길어야 3, 4년일 것이다. 내가 집중하여 성과를 내야 하는 기간은.

이런 생각은 나름대로 효과가 있었다. 적어도 내게 허용된 시간이 그리 길지 않다는 자각은 내 일에 긴급성을 부여했다. 마감시간을 정해놓고 일하는 것처럼 앞으로 2, 3년간 어떤 성과를 내야 할 것인가를 예민하게 느끼게 되었다.

'과거의 성공 경험이 실패의 원인'이라는 말이 있다. 변화가 빠르고도 근본적인 시대에는 과거의 패턴을 가지고 미래를 예측하거나 과거의 룰대로 성공이 반복될 것이라는 사고 자체가 시대착오적일 수 있다. 개인도 마찬가지다. 비록 경험이 부족하더라도 확실한 비전을 가지고 자신이 해야 한다고 생각하는 일에 헌신할 때 경험이 절대 가져다줄 수 없는 새로운 열매를 맺을 수 있다.

변화와 도전이 얼마나 중요한지 클레이튼 크리스텐은 『성공기업의 딜레마』에서 이렇게 말할 정도였다.

"훌륭한 경영자를 둔 것이 바로 선두 기업들이 정상의 지위를 지키지 못하게 만든 가장 강력한 이유였다. 정확히 말하면, 이들이 더 과학적으로 시장동향을 조사하고, 더 공격적으로 신기술에 투자하고, 더 고객의 니즈를 잘 파악하고, 최대의 투자수익률이 예상되는 분야에 자본을 체계적으로 분배하였기 때문에 선두 위치를 잃어버린 것이다."

사람들은 변화를 싫어하고 안주하기를 좋아하는 것처럼 보인다. 어느 강사가 이렇게 말했다.

"변화를 좋아하는 분 손 들어보십시오."

청중의 10퍼센트도 손을 들지 않았다. 그는 다시 물어보았다.

"여기 있는 분 중 오늘 입었던 옷을 내일도 똑같이 입고 나가고 싶지 않은 분은 손들어 보십시오."

이번에는 모두가 손을 들었다. 강사는 말했다.

"사람들은 변화를 싫어하는 것이 아니라 강요된 변화를 싫어할 뿐"

이라고.

　사람들은 원래 지루함을 느끼는 유일한 종이며 그래서 변화를 좋아한다는 것이다. 다만 자신에게 선택권이, 주도권이 있는 변화를 바란다는 것이다.

　우리에게 요구되는 변화의 마인드를 옷을 갈아입는 것과 비교하는 것이 무리일지도 모른다. 그러나 그 비유는 강력한 메시지를 담고 있다. 외부로부터 강요되기 전에 스스로 더 나은 선택을 위하여 변화를 시도하라는 것이다.

코칭이 챔피언을 만든다

놀라운 코칭의 힘

21세기 리더는
코칭으로 완성된다

    코칭 리더십을 대표하는 사람은 닛산자동차의 카를로스 곤 회장이다. 브라질 태생으로 프랑스에서 교육받고 르노자동차의 경영자였던 그는 닛산이 르노자동차에 인수되고 나서 닛산의 최고경영자가 되었다. 그는 거의 3천억엔 규모의 적자에 시달리던 닛산자동차를 1년여라는 짧은 기간에 혁신하여 흑자기업으로 전환시켜 세계를 놀라게 한 인물이다.

    그가 '닛산 리바이벌 플랜'이라는 자신의 혁신구상을 실행에 옮길 주체를 육성하는 데 코칭 방법을 활용했다는 것은 잘 알려진 사실이다. 그는 스스로 "나는 닛산의 코치다"라고 말할 정도로 직원들과의 관계를 중시했다. 수백 명의 중간관리자들을 면담하면서 개혁의 당위성을 설파하였고 현장의 소리에 귀를 기울였다.

〈닛케이신문〉이 그의 말을 그대로 따서 '나는 닛산의 코치'라는 제목으로 그의 인터뷰 기사를 실은 적이 있다. 그는 여기서 "사람은 이해하면 움직이게 되어 있다", "소통이 안 되는 것이 문제지, 무엇이 문제이고 어떻게 해야 해결할 수 있는지 그 핵심을 제대로 이해하면 직원들이 나설 것으로 믿었다"고 말하여 코치로서의 탁월한 면모를 유감없이 보여주었다.

코칭은 그런 면에서 단순히 좋은 상사가 되는 것과는 다르다. 코칭은 조직의 일대 혁신을 가져오고 성과를 향상시키는 방법으로서 강력하게 직원들을 행동 지향적으로 변화시키는 기술이다. 또한 그것은 사람들을 이해시키는 것, 공감하게 하는 것, 그 수준에서 바람직한 행동을 정의하고 촉구하는 것, 이런 것들이 그야말로 직원들의 눈높이에서 이루어지고 직원들의 잠재력을 믿고 이끌어낸다는 점에서 실로 인본주의적인 접근이기도 하다.

새로운 리더십으로서 코칭은 이미 10여 년 전부터 전 세계의 선도적인 기업들에 도입되어 그 효과를 입증해왔다. 국내 대기업에서도 관리자들에게 코칭 스킬을 훈련시키고 임원들에게는 전문코치들을 붙여서 성과를 개선하게 하고 있다.

그러다 보니 코칭에 대한 관심도 높아져서 '요즘 코칭이 뜬다'거나 '코칭이 새로운 트렌드다', 심지어 '유행'이라는 말까지 나오게 되었다. 그러나 코칭이 부상하는 것은 일시적인 유행이나 트렌드가 아니다. 그것은 우리 산업구조의 고도화와 관련이 있다.

산업사회가 피라미드형 조직과 지시명령형 리더십, 일사불란한 효율적인 관리를 추구했다면, 지식정보화사회에서 그것은 더 이상 효과적인 방식이 아니다. 과거의 피라미드형 의사결정이 정당화되었던 것은 정보와 자원의 독점에 기초한 것이었다. 그러나 이제 정보의 독점은 과거의 것이 되었다. 정보통신기술의 비약적인 발전이 시대상의 급격한 변화를 동반함에 따라 그에 맞는 새로운 리더십이 절실히 요구되고 있는 것이다. 불확실성과 변화무쌍을 가장 큰 특징으로 하는 시기에 피라미드형 조직의 느린 의사결정은 그라운드에서 직접 뛰는 조직 구성원 각자의 자발적이고 창의적인 의사결정과 빠른 행동으로 대치될 수밖에 없었다.

그런 이유로 리더들이 얼마나 직원들에게 임파워먼트를 잘하느냐, 직원들이 필드에서 뛰어난 성과를 내도록 얼마나 잘 성장시키느냐 하는 것이 경쟁력의 주요 요소가 되었고 그런 점에서 코칭이 주목받기에 이르렀다. 나는 코칭이 하나의 유행이 아니라 지식정보화시대, 나아가 지혜의 시대로 가는 현재의 산업발전 단계에 조응하여 나타난 것이라고 감히 단언한다.

21세기의 리더들은 "지시하고 책임지는 명령자가 아니라 구성원을 성장시키는 코치가 되어야 하고, 각각의 성원들이 잠재력을 발휘하게 하는 오케스트라의 지휘자와 같아야 한다"고 존 휘트모어는 말했다.

ROI가 6배에 달하다

    2006년 9월, 세계 최대 인사조직관리 컨설팅그룹인 타워스페린이 16개국에서 직원 250명 이상 업체의 임직원 8만 6천여 명(한국 1,016명)을 대상으로 직장인의 의식과 생활상을 조사한 결과를 발표했다. 그에 따르면 한국은 직장상사 만족도 면에서 꼴찌를 기록했다. 상사가 부하직원을 존중한다는 대답은 36퍼센트, 부하직원에게 권한을 위임한다는 대답이 31퍼센트였으며, 직원의 성과를 정당하게 평가하느냐는 질문에 32퍼센트만이 그렇다고 응답했다(타워스페린, 2006. 8. 27 발표 내용. 표 참조).

    "사람들은 회사 보고 들어와서 상사 보고 떠난다"는 말이 있을 정도

직장생활에 대한 각국 직장인의 속마음

당신의 직속 상사는…
(단위 : %, 각 항목에 대해 '매우 그렇다' 또는 '그렇다'고 대답한 비율)

	한국	미국	중국	일본
■ 부하직원을 존중합니까?	32	60	50	31
■ 부하직원이 주도적으로 일하도록 권한을 위임하나요?	31	59	53	33
■ 노하우를 가르쳐주나요?	30	51	52	29
■ 성과를 정당하게 평가합니까?	31	54	49	33
■ 알아듣기 쉽게 의사전달을 하나요?	32	61	53	39

새로 직장을 구한다면 어떤 조건을 보겠습니까?

	한 국	미 국	중 국	일 본
1	복리후생제도	급여	학습기회	도전적인 업무
2	일과 삶의 균형	복리 후생 제도	급여	급여
3	퇴직 후 복지제도	일과 삶의 균형	경력개발 기회	일과 삶의 균형
4	성과에 따른 연봉 인상	경력개발 기회	퇴직 후 복지제도	성과에 따른 연봉 인상
5	급여	성과에 따른 연봉 인상	장기적 보상제도	복리후생제도

로 사람들이 이직하는 이유의 가장 큰 이유는 직장 내 인간관계, 특히 상사와의 갈등인 경우가 많다.

중간관리자를 비롯한 상사들이 코치의 입장에 서서 코칭의 효과를 확신하고 접근한다면 상사와 부하의 관계는 크게 변화될 수 있다. 이 관계의 변화는 직원만족도 향상, 생산성 향상, 고객만족도 향상, 이직률 저하 등의 긍정적인 효과를 가져온다.

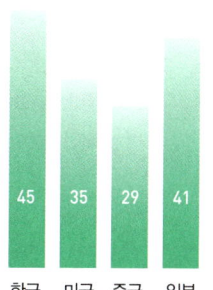

업무로 인해 스트레스를 많이 받습니까?

한국	미국	중국	일본
45	35	29	41

(자료 : 타워스 페린, 15개국 8만 6천여 명 조사)

즉 '만족한 직원은 고객을 만족하게 만들고 고객이 만족하면 비즈니스 성과가 향상된다'는 선순환의 출발고리가 될 수 있는 것이다.

그 좋은 예가 글로벌기업인 P&G이다. P&G에서는 아예 사장부터 모든 부서장이 코치라는 이름을 갖고 그 역할을 자임한다고 한다. 부하직원을 육성하는 코치로서의 일을 중요하게 생각하고 어떤 부서는 업무시간의 50퍼센트를 직속부하의 업무를 코치하는 데 쏟는다는 보고가 있을 정도다. 특히 코칭을 하는 데 있어 상사가 일방적으로 가르치려 들기보다는 '경청하고 질문하며 스스로 생각하는 방법을 터득하도록 적절한 피드백을 주고 가이드하라'는 훌륭한 코칭 접근법을 채택한다.

상사의 직원 코칭과는 다른 분야인 경영자 코칭도 큰 주목을 받고 있다. 미국에서 경영자 코칭을 제공하는 맨체스터 코칭 펌은 이 코칭의 효과로 6배의 투자대비효과가 있었다고 보고하면서 조직에 코칭이 도입되면서 나타난 성과를 아래와 같이 요약했다.

회사가 말하는 코칭의 혜택

1) 생산성(53%)   2) 품질 향상(48%)   3) 조직의 강점강화(39%)
4) 고객서비스(39%)   5) 고객불평 감소(34%)   6) 인재 보유·유지(32%)
7) 비용 절감(23%)   8) 수익성 증가(22%)

코칭 받은 직원이 말하는 코칭의 혜택

1) 직속상관과의 관계 개선(77%)   2) 직속감독자와의 관계 개선(71%)
3) 팀워크 증진(67%)   4) 동료와의 관계 개선(63%)   5) 직무 만족(61%)
6) 갈등 해소(52%)   7) 조직의 실행능력(44%)   8) 고객과의 관계 개선(37%)

우리나라에서도 대기업과 글로벌기업을 중심으로 경영자 코칭이 행해지고 있으며 성장속도 또한 매우 빠른 추세다. 철저하게 일대일로 행해지는데다가 코칭 내용을 비밀로 부치는 코칭의 원칙으로 인해 그 성과가 바로 외부로 표현되지는 않지만 경영자 코칭을 경험한 많은 기업과 개인이 결과로 보여주고 있다. 경영자 코칭을 받았던 경영자들이 이야기하는 코칭의 성과 중에서 대표적인 몇 가지를 소개한다.

비즈니스 성과 향상

- 법인 설립 후 최대 매출을 달성하게 되었고 코칭 대상자는 이것이 코칭의 지원에 힘입은 결과라고 밝혔다.
- 사업부 평가에서 1위를 차지했는데, 코칭을 통한 리더십 개발과 성과 향상이 도움이 되었다고 평가했다.
- 코칭을 통해 핵심직원을 양성하기 위한 구체적 계획을 세우고 실행하게 되었다.
- 거래선을 개발하는 과정에서 코칭을 통해 베스트 프랙티스best practices를 찾고 이를 활용한 것이 큰 도움이 되었다.

리더십 개발

- 조직문화를 개선하기 위한 리더의 역할을 자각하고 이를 실행에 옮겼다.
- 직원과의 커뮤니케이션에서 경청능력이 향상되었고, 적절한 질문으로 그들의 해법을 이끌어내는 데 도움이 되었다.

- 직원에 대한 처우개선에 더욱 힘을 쏟게 되었다.
- 직원에 대한 권한위임이 늘어나고 관계가 개선되었다.
- 실행력이 향상되었다. 특히 과거에는 생각에 그쳤던 일들을 코칭에서 다루다 보니 아이디어를 정리하여 말하게 되고, 말한 것을 실행하게 되면서 중요한 일을 실행하는 데 집중하게 되었다.

자기 관리

- 자신에 대한 성찰을 통해 자신의 강점 및 기회에 대한 객관적 인식을 하게 되었고 이를 행동과 조화시키는 데 도움이 되었다.
- 시간관리를 위해 긴급한 일보다는 중요한 일에 집중하기 위해서 'No'라고 말해야 하는 일을 정하고 실행해나갔고 효과가 있었다.
- 나의 가치관을 돌아볼 수 있는 시간이었다. 처음으로 타인과 깊은 대화를 하게 되었다.
- 원하는 미래의 모습을 그려보았고 조직 내에서 경력개발에 대해 처음으로 명시적 비전을 설정했다.
- 늘 미루던 건강관리를 하게 되어 결단력이 향상되었다고 느낀다.
- 바쁜 가운데도 차 한잔을 음미하는 여유를 느껴보게 되었고 스트레스를 조절하기 시작했다.
- 직원 및 가족으로부터 변화했다는 말을 듣는 것으로 인정받았다.
- 가족, 특히 자녀와의 관계가 좋아졌다.

코치 자신이
어려움에 빠졌을 때

    코치도 갈등에 빠지거나 패배감을 느낄 때가 있다. 이럴 때는 코치도 코칭을 받아야 한다. 가장 좋은 것은 정기적으로 코칭을 받으면서 어려움을 극복해나가는 것이다. 코치가 코칭을 받는 것의 장점은 또 있다. 코칭의 효과를 자신이 직접 체험할 때 그 가치를 진정으로 느끼게 되는 것이다. 코칭의 가치를 실감할 때 자신의 코칭능력도 더불어 발전한다. 또한 자신의 코치가 하는 코칭을 통해 더 많은 것을 배우기도 한다. 즉 자신이 코칭할 때도 그것을 적용하여 개선해갈 수 있다. 주변에 자신을 코칭해줄 적합한 멘토 코치를 두고 함께 협력하면 자신의 코칭 수준을 훨씬 더 끌어올릴 수 있다.

    코치는 또한 자기 자신을 코칭할 수 있어야 한다. 이른바 셀프 코칭이다. 셀프 코칭도 결국은 다른 사람을 코칭할 때의 기본 정신과 스킬을 자기 자신에게 적용하는 것이다. 무엇보다 자기 내면의 목소리를 경청할 줄 알아야 한다. 자신이 정말 원하는 것이 무엇인지를 찾아내야 한다. 그것을 통해 자신에게 의미 있는 질문, 강력한 질문을 던질 수 있다. 스스로를 코칭한다는 것은 자신을 존재 그 자체로 인정하는 것을 의미하기도 한다.

내면의 자신을 향해 뭔가 부족한 사람이라고 끊임없이 채찍질만 하는 것이 아니라 스스로의 코치가 되어 진심으로 자신을 인정해주라. 자신의 잠재력을 볼 때 다른 사람의 평가와 인정에 일희일비하는 의존성에서 벗어나 더 큰 길로 나아갈 수 있다.

사직서는 잊어주세요

팀장 모자와 코치의 모자, 두 개의 모자를 가진 한 영업부서 팀장의 사례를 소개한다.

얼마 전 회사를 그만둔다는 직원이 생겼다. 심각한 상황이었기 때문에 그를 대상으로 코칭을 시도해보았다. 이 친구는 1년 전 입사하여 계약사원으로 근무를 했지만 정사원 발령이 나지 않아 고민하고 있다가 입사일자가 같은 다른 직원의 정사원 발령장을 보고 퇴사를 결정하게 되었다고 한다.

본인이 생각하기에 다른 직원에 비해 자신이 월등히 뛰어나지는 않지만 그렇다고 능력이 떨어진다거나 그 친구보다 못하다는 평가는 받아보지 못했다고 한다. 한마디로 열심히 일했지만 회사에서 인정받지 못할 바에는 퇴사를 하는 편이 낫겠다는 것이 퇴사의 이유라는 것이다.

직원 아무리 생각해도 이해가 되지 않습니다. 제가 왜 탈락이 되었는지 알 수 없습니다. 그냥 사직하겠습니다.

팀장 본인이 생각하기에 이번 승격에서 탈락된 이유가 무엇이라고 생각합니까?

직원 솔직히 잘 모르겠습니다. 저는 열심히 하느라고 했는데 결과가 만족스럽지 못하고 이번 승격에 대해서는 이해를 전혀 못하겠습니다. 다만 이유라면 그 친구가 저보다 타 회사에서의 경력이 1년 정도 더 있다는 것 정도라고 생각됩니다.

팀장 음… 내가 듣기로 ○○ 님(당사자인 직원)은 맡은 일을 꼼꼼히 잘 처리하고 근무태도도 좋다고 얘기를 들었습니다. 사실 회사생활하면서 가장 중요한 부분 중의 하나가 책임감과 성실성이거든요. 그런 부분에 있어서 ○○ 님의 근무태도는 아주 훌륭하다고 볼 수 있지요.

직원 아! 그런가요? 팀장님께서 그렇게 말씀해주시고 저를 인정해주시니까 무척 기쁜데요.

팀장 ○○ 님은 우리 회사에 대해서 어떻게 생각하세요?

직원 회사 전체적인 분위기도 좋고 모두들 열정적이고 만족스러웠습니다. 특별한 불만도 없고요.

팀장 ○○ 님이 생각할 때 회사생활에서 동료들과 함께 일할 때 가장 중요한 부분은 무엇이라고 보나요?

직원	아무래도 같이 근무를 하는 직원들간의 신뢰, 믿음이 아닐까요? 그러고 보니 이번에 발령 난 친구는 저와 조금 다른 태도를 가지고 있었어요. 항상 긍정적인 편이고 힘들어도 자신보다는 다른 사람을 배려하는 면이 컸던 것 같습니다. 그리고 전 직장에서 업무경험이 있기 때문인지 업무숙련도도 높은 것 같았습니다. 이제 와 생각해보니 그런 부분이 저는 부족했던 것 같습니다. 남의 말을 잘 듣지 않고서 제 방식이 옳다고 생각하고 그 방법대로만 했던 행동들이 나중에 문제가 된 적도 가끔 있었거든요.
팀장	그래요, 그것이 이번 승격문제에 어쩌면 원인이 될 수도 있었을 거라고 생각이 드는데… 그럼 ○○ 님은 앞으로 어떻게 행동하는 게 좋을까요?
직원	저도 항상 타인의 입장도 배려하며 일을 해보도록 하겠습니다. 그리고 동료들이 저로 인하여 어떤 부분들이 힘들었는지도 커피 한잔 마시며 살짝 물어보겠습니다. 제 자신을 돌아보는 계기가 될 것 같은데요.
팀장	정말 중요한 부분인 것 같네요. 자신에 대해 타인에게 물어본다는 것이 처음엔 어려운 일이라고 생각될 수도 있지만 ○○ 님에겐 좋은 경험이 될 겁니다. 본인이 아무리 뛰어나고 잘한다고 해도 서비스 분야는 업무상 혼자만 일처리를 해나갈 수는 없거든요. 나중에 다시 이 문제에 대해서 얘기하고 싶은데 언제쯤 시간이 좋을까요?
직원	다음 주 화요일이 좋을 것 같습니다. 제가 동료들과 시간을 갖고 제 자신에게 부족한 부분은 어떤 것이었고 저 혼자가 아닌 팀이란 구성

원의 의미도 함께 생각해봐야 할 것 같습니다. 좋은 말씀 감사합니다. 저의 행동을 되돌아보는 좋은 계기였던 것 같습니다.

약속한 화요일에 팀장이 다시 시간을 갖고 이야기를 들었을 때 이 직원에게는 적지 않은 변화가 나타났다. 주변 사람들을 배려하고 그들의 의견을 수렴할 줄 알고 본인의 성향을 파악한 것 같았다. 그는 그동안 깨닫지 못한 부분을 알게 되어 업무에도 많은 도움이 될 것 같다고 말하면서 퇴사하겠다던 말은 이제 잊어달라며 씨익 웃었다.

팀장은 이 순간이 직원을 면담하면서 가장 보람을 느낀 경우였다고 했다.

사람을 성장시키는 변화의 기술

　내가 '경영자 코치'라고 소개를 하면 '아, 저 사람은 경영에 대해 많은 지식과 경험을 갖고 있겠구나'라고 생각하는 사람들이 많다. 아직까지도 '코치' 하면 가장 친숙한 것이 축구 코치나 야구 코치 같은 스포츠 코치를 떠올리기 때문일 것이다. 스포츠 코치들이 주로 하는 일, 즉 선수들을 훈련시키고 작전을 지시하고 팀을 이끌어가는 모습을 자연스레 대입시키는 것이다.

　물론 스포츠 코치와 경영 코치(혹은 라이프 코치)는 비슷한 점도 있지만 다른 점도 뚜렷하다. 우선 비슷한 점은 스포츠에서 승리가 목표인 것처럼 우리 인생에도 목표가 있고 그 목표를 달성하기 위해 코치를 둔다는 것이다. 그것이 성과 향상이든 리더십 강화든 경력 개발이든 코치는 고객의 목표를 달성하도록 지원하고 돕는다.

그러나 스포츠 코치가 주로 트레이너 혹은 감독의 역할로서 선수들에게 할 일을 지시하고 독려하고 때로 엄하게 훈련시키는 것과 달리 경영 코치는 코치의 해법을 일방적으로 제시해주지 않는다. 코칭의 대상자 스스로 코칭을 통해 내적인 전환을 경험하게 돕는 것이다. 그리고 그런 전환을 통해 변화하고 성장해나간다. 코칭 이후에는 계속해서 전환을 적용하면서 나아가게 된다. 이것이 코칭의 목표다. 또한 스포츠 코칭에서는 팀과 선수가 있는 한 코치가 늘 함께하지만, 경영 코칭에서는 일정 기간의 코칭 후에는 코치 없이도 목표를 이루어가는 자기만의 방식을 갖도록 만든다.

코칭을 하는 동안 코치들이 하는 일은 주로 주의 깊게 듣고 공감해주며 그가 가진 잠재력을 이끌어내도록 강력한 질문을 하는 것이다. 또한 진정으로 상대방을 인정해주고 함께 해법을 찾아나가는 여정의 동반자가 된다. 이를 통해 그가 정말 원하는 변화가 무엇인지를 알고 그것을 위해 용기 있게 행동할 수 있도록 돕고 지지하는 것이다. 코치의 지식과 경험을 가지고 경영에 대해 이렇게 저렇게 하라고 조언을 하는 경우는 매우 드물거나 아주 부분적으로만 이루어진다.

왜 그럴까. 코치들은 상대방을 뭔가 부족한 사람, 혹은 교정이 필요한 사람으로 보지 않는다. 오히려 잠재력을 발휘하면 누구의 도움 없이도 현재의 모습을 뛰어넘는 큰 존재가 될 수 있음을 깊이 믿는다.

청년실업이 심각한 상황에서 취업문제로 어려움을 겪는 청년 한 사람을 코칭하게 되었다. 곧 서른이 되는 그는 학력도 경력도 배경도 내세울 만한 것이라곤 하나도 없이 나이만 들었다고 자책하는 중이었다. 뭔가 도움이 필요한 상태였다. 그래도 코치는 직접 취업을 주선해주거나 요령을 가르쳐주는 대신에 우선 그가 상황을 다시 보도록 이끌었다.

"경력이 별로 없다는 것을 긍정적으로 보면 어떤 의미가 있을까?"

그는 뜻밖의 재미있는 대답을 했다.

"솔직히 정해진 곳이 없고 어디 매일 곳이 없지요. 긍정적으로 생각해보면 무엇이든 제가 원하는 일에 도전하라는 의미도 있겠네요."

그래서 다시 물어보았다.

"인생은 이제부터라고 생각하고 완전히 처음부터 다시 시작한다면 무엇을 하겠는가?"

그의 얼굴이 빛나기 시작한 것은 아마 그때부터였던 것 같다. 일단 좌절감을 버리고 자신감을 갖기 시작하니 그가 할 수 있는 일이 너무나 많다는 사실을 새로이 깨닫게 되었다. 머릿속에 희미하게 가지고 있던 몇 가지 아이디어가 이제 도전해볼 만한 일로 바뀌었다.

자신의 상황에서 그는 주인공이다. 자기 인생에서 그는 챔피언이다. 그가 가진 잠재력을 충분히 인정해주고 마음속에 품고 있는 희망과 고민을 최대한 풀어내도록 도와주면서 초점을 맞추어나가면 그는 어느새 자신이 무엇을 해야 하는가에 대한 너무나 명확하고 훌륭한 답을 찾아내는 것이다. 무엇이 자신을 제한하고 있는지, 그것을 어떻게 해결할지도 스스로 깨닫기 때문에 그걸 가르치려 들 필요는 없다. 오히려 가르쳐주는 것이 그의 성장을 가로막는 요인이 될 수도 있고 스스로 이루었다는 성취감을 낮춰버리기 십상이다. 다만 코치들은 필요한 경우 함께 아이디어들을 검토하고 또 필요한 경우에 제안을 하며 스스로 선택할 수 있는 폭을 넓혀준다.

어느 대기업의 임원인 고객은 코칭의 혜택을 이렇게 말해주었다.

"그동안은 머릿속에서 생각만 많았습니다. 많은 생각이 스쳐지나가다 보니 필요하다고 생각하면서도 집중을 하지 못했습니다. 항상 대응해야 하는 일들이 밀려오니까요. 저는 눈앞에 닥치는 상황에 따라 행동하는 데 바빴고 그러면서 항상 미진한 느낌에 시달렸죠. 하지만 바쁜 시간을 쪼개어 코칭을 받다 보니 우선 내 생각을 말하게 되고 말하면서 분명하게 정리하게 되었습니다. 코치와 대화를 하면서 무엇을 왜 실행해야 하는지를 찾고 다짐하게 되었습니다. 또 다음 코칭시간 전까지 해야 할 실행과제가 분명해지니 실행력이 크게 높아졌죠. 일회적인 대화가 아니라 지속적으로 코칭을 받으니 코칭의 효과가 놀랍습니다. 보다 많은 임원들이 코칭을 받아야 한다고 생각합니다."

개인의 변화는 조직의 변화로 이어진다. 특히 영향력이 높은 경영자들의 변화는 조직문화의 변화로까지 이어진다.

"코칭을 통해 직원들의 말 더 경청하고 공감하게 되자 직원들로부터 변화했다는 소리를 듣게 되었죠. 직원들에 대한 관심이 생겼고 더 세심하게 관찰하게 되었습니다."

"주로 내가 일방적으로 말하고 이끌어가던 회의방식에서 직원들의 말을 많이 들어주고 핵심적인 질문을 통해서 진전시키는 방법으로 바뀌었습니다. 커뮤니케이션 능력이 좋아졌다고 느낍니다."

"목표를 더 분명하게 추구하게 되어 스스로 목표 지향적으로 변화되는 걸 느낍니다. 내 모습을 객관적으로 바라보게 되었죠.."

"몰아붙이지 않고도 사람을 통해 목표를 달성하는 방법을 인식했어요. 임파워먼트를 위해 지속적으로 노력할 겁니다."

"바쁜 일상 가운데 처음으로 나 자신의 개발계획을 세우게 되었고 은퇴 이후의 삶 등 장기적인 전망 속에서 현재를 보게 된 것이 큰 수확입니다."

이와 같은 경영자들의 말처럼, 경영자 코칭의 프로세스를 통해 조직의 변화를 이끌어낸 경우도 있고 성과를 극적으로 높인 사례도 있다. 어느 CEO는 코칭 5개월 만에 법인 창립 이래 최대 매출을 기록하는, 눈에 보이는 성과를 이룩하기도 했다.

그런데 그것은 결코 코치가 잘해서가 아니다. 성과 역시 오로지 코칭 받은 경영자의 역량에 따른 것일 뿐이다. 코치가 한 것이 있다면 진심으로 마음 깊은 곳에서부터 그가 좋은 의도를 갖고 있다는 점을 인정하고, 많은 모색과 고민을 해온 당사자인 그가 챔피언으로서 더 깊게 더 넓게 인식하도록 도와주었을 뿐이다. 그야말로 잠재력을 이끌어낸 것이다.

어떤 경우에도 코치는 상대방을 '무언가 결함이 있는, 고쳐져야 할 잘못된 존재'로 보지 않는다. 이것이 코칭의 가장 중요한 접근법이며 컨설팅이나 심리상담 같은 인접 분야와 근본적으로 다른 점이다. 코칭은 진정한 임파워먼트, 즉 상대방이 파워를 가지도록 도와주는 일이다. 그런 의미에서 나는 코칭이란 한마디로 '사람을 성장시키는 기술'이라고 말하고 싶다.

부록

전문코치가 되려면…

CEO의 코치는 어떤 사람일까?

"예전엔 CEO들이 만나면 서로 '당신도 코치가 있느냐?' 하고 물었죠. 최근엔 '당신 코치는 누굽니까?'가 더 흔한 질문이 되었습니다."

2004년에 내한했던 국제코치연맹ICF의 전 회장 샌디 바일러스가 전하는 미국 업계의 현황이다. 그에 따르면 CEO 및 임원의 성과 향상과 리더십 개발을 위해 외부 코치를 고용하는 일이 이제는 아주 흔한 일이 되었다는 것이다.

IBM, 닛산자동차, 아메리칸 익스프레스 카드, 스테이트 팜 등 코칭을 통해 놀라운 성과를 달성했다는 기업들이 늘어나고 있고, 국내에서도 최근 경영진이 코칭 트레이닝을 받거나 일대일 코칭을 받아서 성과를 높이려는 움직임이 빠르게 확산되고 있다.

경영자를 위한 코칭 executive coaching이 이렇게 빠르게 확산되는 데는 그만한 이유가 있다.

우선 경영자들은 누구보다 바쁜 사람들이라서 일반적인 내용의 교육이 아니라 자신에게 필요한 내용만을 집중적으로 다루어야 한다는 게 첫째 이유다. 둘째는 이들에게 필요한 것은 지식이라기보다는 행동이라는 점이다. 자신의 위치에서 행해야 할 바람직한 행동, 즉 지식 전달이 아닌 실행에 초점이 맞춰져야 하는데 그것을 가능하게 하는 게 코칭이다.

CEO들의 코치는 어떤 사람들일까? 의외로 명망가나 학자들이 아니라 코치로서 훈련을 받은 전문코치들이 대부분이다. 사실 누구보다 그 조직과 과업을 잘 알고 있는 사람은 경영자이기 때문에, 섣부른 해결책 제시나 조언은 경영자 코칭에서 오히려 경계해야 할 대목이다. 코치들은 고객이 스스로 문제점을 발견하고 해결책을 세우며 실행을 하도록 하는 그 과정의 전문가로 훈련된 사람들이다.

경영자 코칭을 시작할 때는 초기에 코칭을 통해 달성해야 할 기대성과가 무엇인지를 분명히 하는 과정을 거친다. 이를 위해 조직과 개인의 기대성과 조사는 물론, 역량 진단 툴이나 360도 프로파일을 적용하기도 한다. 진단을 통해 어떤 역량이 개발되어야 하고 보강되어야 하는지를 정하고 일정 기간 코칭을 진행하는 것이다.

또 후계자 그룹에 대한 코칭이나 새로운 임원에 대한 코칭을 들 수 있다. 최고경영자 후계자그룹이 선발되었을 때 이들을 일정 기간 내에 강화시키는 것은 미래 조직의 경쟁력을 위한 중요 과제가 된다. 또 새로운 일을 맡게 된 신규임용 임원이나 보직변경 임원에게 그들이 무엇에 초점을 맞춰야 하는지를 코칭으로 풀어서 단기간에 적응하고 성과 내기에 도움을 준다.

전문코치로 가는 길

나는 직업적인 코치들을 양성하는 일을 해왔다. 코치가 되는 분들은 학력, 경력이나 배경이 매우 다양하다. 기업의 CEO부터 대학교수나 고위 공직에서 일하셨던 분들, 임원과 매니저들 그리고 주부로서 수십 년을 살아오던 분까지. 많은 분들이 인생의 후반부를 다른 사람의 성장을 돕는 코치로서 헌신하는 길을 선택했다. 타이틀보다 의미와 가치를 중시한 분들이다.

정말 존경스러운 대상은 육아나 가사일로 경력이 단절되어 수십 년간 주부로 살아오다가 코칭의 길로 들어선 분들이다. 자신에게 차갑게 문을 닫아건 듯한 지금의 사회 분위기에 포기하지 않고 타인의 성장을 지지해주는 '코치'라는 직업으로 용기 있게 뛰어들어 자신도 놀라울 정도의 잠재력을 발휘하는 멋진 분들이다. 이들은 삶의 태도에 있어서 큰 스승이다.

직업적인 코치들의 세계는 매우 흥미롭고 따뜻하다. 나는 이분들과 교육의 장에서 만났으나 나의 동료이자 함께 이끌어주는 공역자라고 느낀다. 이 책이 미래에 코치가 될 분들을 코치들의 커뮤니티로 이어주는 하나의 경로가 되기를 바란다.

1. 코칭의 전문분야

코칭에 대한 수요가 늘어나면서 코칭은 전문 분야별로 세분화되는 추세이다. 그러나 기본적으로는 코칭 받는 대상과 분야에 따라 비즈니스 코칭과 개인(라이프) 코칭으로 크게 나뉜다.

- 개인 코칭은 개인의 다양한 관심사에 따른 일대일 개인 코칭 서비스를 제공하며, 코칭 받는 고객이 코칭료를 지불한다. 이슈는 삶의 전반에 대한 것으로서 고객의 일·커리어·자기 개발 등 거의 전분야로 확장될 수 있다.
- 비즈니스 코칭(혹은 기업 코칭)은 기업이나 공공단체 등 조직에서 그 구성원의 개발과 성과 향상을 목표로 코칭을 의뢰함에 따라 시작된다. 조직이 계약에 따른 코칭료를 지불한다. 이슈는 리더십 개발·성과 향상·조직 변화 등 조직의 전 영역이 포함되고, 종종 고객의 자기관리·가족·건강 등 라이프 이슈를 다루는 경우도 있다. 조직 외부의 전문코치들에 의한 외부 코칭과 조직 내에 있는 코치들에 의한 내부 코칭으로 분류할 수 있다.

이러한 큰 카테고리 아래로 세부적으로 다양하게 전문화되고 있다.

예 : 조직개발 코칭, 리더십 코칭, CEO 코칭, 세일즈 코칭, 신규사업 코칭, 팀 코칭, 커리어 코칭, 가족 코칭, 은퇴 코칭, 청소년 코칭, 건강관리 코칭, 문제해결 코칭, 시간관리 코칭, 전략 코칭, 커뮤니케이션 코칭, 글쓰기 코칭, 목표관리 코칭 등

2. 코치의 자격조건

1. 코칭의 인증 자격증보다 더 중요한 것은 코칭의 바른 직업 정신과 윤리에 입각하여 자질과 역량을 갖추는 것이다. 전 세계 직업코치들의 비영리 연합체인 국제코치연맹 www.coachfederation.org 과 한국 내 직업코치들의 연합체인 사단법인 한국코치협회 www.kcoach.or.kr 에서 직업으로서의 코칭의 정의와 함께 코치로서 갖추어야 할 윤리와 핵심 역량이 무엇인지를 확인하기 바란다.

   또한 자신의 코칭 자질에 대해 진단을 해보고 싶다면 한국코칭센터 홈페이지 www.koreacoach.com 에서 확인 및 자가 진단을 해볼 수 있다.

2. 한국코치협회와 국제코치연맹은 이러한 직업적인 코치들의 질적 수준을 유지, 강화하고 코칭을 확산하기 위하여 인증자격제도를 운영하고 있다. 인증자격을 갖춘 코치라는 것은 고객에게 코치로서 윤리를 준수하고 일정 수준 이상의 훈련과 역량을 갖추었음을 신뢰할 수 있도록 하므로, 어느 분야의 코치를 하든 인증코치 자격증이 필요하다고 할 수 있다. 또한 다른 코치들과의 네트워크를

통해서 지속적으로 학습 성장하는 데 도움을 주고 받을 수 있다.

3. 인증코치 자격을 취득하기 위해서는 일정 시간 이상의 코칭교육 이수와 코칭 실습을 거친 후 일정 양식의 서류를 제출해야 하며 시험을 치러야 한다.

(1) 국내 코치 자격증

(사)한국코치협회에서는 3종의 국내 코치 자격증을 수여하고 있다.

- KAC (Korea Associate Coach)
- KPC (Korea Professional Coach)
- KSC (Korea Supervisor Coach)

자격증의 종류	조건		
	교육	실질적인 코칭 실습	기타
KAC	20시간	50시간	프로보노(무료)+유료+멘토 코칭 받는 시간
KPC	40시간	100시간	프로보노(무료)+유료+멘토 코칭 받는 시간
KSC	100시간	500시간	프로보노(무료)+유료+멘토 코칭 받는 시간

| 한국코치협회 인증프로그램(ACPK) |

(2) 국제 코치 자격증

국제코치연맹에서는 3종의 국제코치자격증을 수여하고 있다.

- ACC(Associate Certified Coach)

- PCC(Professional Certified Coach)
- MCC(Master Certified Coach)

| 국제 코치 자격증을 취득을 위한 기본 조건 |

교육은 국제코치연맹이 우수 프로그램으로 선정한 프로그램이어야 하며 자격증 종류에 따라 그 외 부가적인 조건으로 시험, 추천서, 멘토, 코칭 등을 실시해야 한다. 세부사항 확인 및 지원서 양식은 국제코치연맹 홈페이지에서 다운로드할 수 있다.

자격증의 종류	조건		
	교육	실질적인 코칭 실습	기타
ACC	60시간	100시간	프로보노(무료코칭) 25시간 이하
PCC	125시간	750시간	프로보노(무료코칭) 75시간 이하
MCC	200시간	2,500시간	프로보노(무료코칭) 250시간 이하

3. 코칭경영원 소개

한국 사회의 코치 역할을 하는 것을 사명으로 삼고 있는 코칭경영원은 기업과 공공 분야에서 리더들이 높은 가치 창출과 선한 영향을 미칠 수 있도록 코치로서 돕고 있다. 2011년 출범한 코칭경영원은 설립 이후 지금까지 삼성전자, 현대자동차, SK그룹, CJ그룹 등 한국의 대기업 및 기관들의 코칭을 수행해왔다.

40여 명의 소속 코치진은 90%가 대기업과 글로벌 기업의 CEO 또는 임원 출신으로 국제 코치 자격의 PCC Level, 평균 코칭시간 600시간 이상의 전문코치다. 비즈니스와 리더십 양면의 숙련된 코치진은 일대일 코칭이나 그룹 코칭을 통해 리더의 인식 및 행동 변화를 도와 개인과 조직의 성장을 지원하고, 핵심 인재 양성을 위한 리더십 승계와 전환기 코칭도 제공한다. 학습자의 참여와 현업 적용을 극대화한 맞춤형 코칭 워크숍 운영은 코치형 리더로서의 성장을 돕고 있다.

코칭경영원의 그룹 코칭 워크숍 Powerful Group Coaching은 리더들이 효과적으로 팀을 이끄는 데 필요한 실제적인 방법 습득과 역량 있는 그룹코치 양성을 위해 정기적으로 운영하고 있다. 또한 경험 및 지식을 공유하는 학습 커뮤니티 SIG(Special Interest Group) 운영으로 전문코치의 지속적인 성장을 지원하며, 정기적인 코치 포럼, 코칭 레터 발행을 통해 코칭 문화의 확산에도 기여하고 있다.

- 전화 02-540-1655
- 홈페이지 www.coachingi.com

4. 국민대 리더십 & 코칭 MBA 소개

리더십과 코칭 MBA는 국내 최초의 리더십 전공 정규 MBA 과정으로, 리더십 개발과 리더 육성 및 코칭 전문가 육성 과정이다. 코칭과 리더십의 기초부터 심화까지의 전 과정을 다루면서 학생들은 리더십 개발 · 리더 육성 · 코칭에 대한 컨설팅, 강의, 임원 코칭 등의 경력을 쌓을 수 있다. 경영학, 인적자원 개발, 교육공학, 산업심리, 심리학, 사회학, 역사학 등을 아우르는 학제 간 훈련을 바탕으로 학생들에게 전문가로 성장하기 위한 커리어 코칭을 제공한다.

또한 한국에서 학위 과정으로는 최초로 국제코치연맹ICF의 ACTPAccredited Coach Training Program, ICF 공인 코치 훈련 프로그램 인증을 받았다. 리더십과 코칭 MBA 원생이 8개 과목 중 6개 과목 이상의 이수와 코칭 실습을 마치면 K-Leadership Coaching Program을 통해 국민대학교가 부여하는 전문코치 자격인 KCLC K-Certified Leadership Coach를 이수할 수 있다. 이후 국제코치연맹이 요구하는 코칭 실습 요건을 추가로 충족하면 서류 심사만으로 ICF의 ACC 또는 PCC 자격을 취득할 수 있다.

- 홈페이지 http://mba.kookmin.ac.kr

사람을 키우는 리더의 코칭 스킬
유쾌하게 자극하라

초판 1쇄 발행_ 2007년 4월 25일
초판 34쇄 발행_ 2021년 3월 20일

지은이_ 고현숙
펴낸이_ 이성수
주간_ 김미성
편집_ 황영선, 이홍우
마케팅_ 김현관
제작_ 김주범

펴낸곳_ 올림
주소_ 04117 서울시 마포구 마포대로21길 46, 2층
등록_ 2000년 3월 30일 (제2020-000185호)
전화_ 02-720-3131
팩스_ 02-6499-0898
이메일_ pom4u@naver.com
홈페이지_ http://cafe.naver.com/ollimbooks

ISBN 978-89-958839-5-2   03320

※ 이 책은 올림이 저작권자와의 계약에 따라 발행한 것이므로
　 본사의 허락 없이는 어떠한 형태나 수단으로도 이 책의 내용을 이용하지 못합니다.
※ 잘못된 책은 구입하신 서점에서 바꿔드립니다.